Josef Joffe
Dirk Maxeiner
Michael Miersch
Henryk M. Broder

Schöner Denken

Wie man politisch unkorrekt ist

Piper München Zürich

Mehr über unsere Autoren und Bücher:
www.piper.de

Ungekürzte Taschenbuchausgabe
1. Auflage August 2008
3. Auflage September 2009

Umschlag: Büro Hamburg. Anja Grimm, Stefanie Levers
Bildredaktion: Büro Hamburg. Alke Bücking, Charlotte Wippermann
Umschlagabbildung: Gregor Schuster/Getty Images
Satz: Satz für Satz. Barbara Reischmann, Leutkirch
Papier: Munken Print von Arctic Paper Munkedals AB, Schweden
Druck und Bindung: CPI – Clausen & Bosse, Leck
Printed in Germany ISBN 978-3-492-25316-1

**»Unser Kopf ist rund,
damit das Denken die Richtung wechseln kann«**

Francis Picabia (1879–1953)
Maler, Schriftsteller und Provokateur

Einleitung

Warum »Schöner Denken«?

Fangen wir ganz gelehrt an, wie es sich für ein Büchlein geziemt, das ernst genommen werden will, aber nicht ganz ernsthaft ist. Dass Sprache das Denken und die Weltsicht formt, vermuten wir spätestens seit Plato und Aristoteles, die vor 2500 Jahren den immerwährenden Streit zwischen »Realisten« und »Nominalisten« ausgelöst hatten. Ein »Realist« wie Plato glaubt an eine unwandelbare, vom Betrachter unabhängige Wirklichkeit hinter den Begriffen, die wir benutzen, um die Welt zu verstehen; sie sind uns vorgegeben, modern gesagt: in unseren Gehirnen »verdrahtet«. Die Sprache drückt also nur aus, was ist – sie ist die Dienerin der Wirklichkeit und nicht ihre Herrin.

Ein »Nominalist« wie Aristoteles aber glaubt nicht an transzendente Realitäten; er benennt die Dinge wie sie kommen und nach eigenem Gusto, und bestimmt so, was Sache ist. Der wichtigste Nominalist seit Aristoteles ist Humpty Dumpty, ein zu Unrecht vernachlässigter Philosoph aus Lewis Carrolls *Alice in Wonderland.* Seine Lehre ist in dem folgenden Kurzdialog enthalten:

> Humpty Dumpty: *When I use a word, it means just what I choose it to mean – neither more nor less.*
> Alice: *The question is, whether you can make words mean so many different things.*
> Humpty Dumpty: *The question is: which is to be master – that's all.**

So ist es. Wer ist Herr des Verfahrens bei der Benennung, die das Denken, Sehen, Hören und Fühlen prägt? Das ist die entscheidende Frage, wie Humpty Dumpty doziert – vergiss Platons Ideenlehre von den realen Universalien (oder waren es die universalen Realien?). Die Autoren dieses Büchleins, lieber Platon, größter aller Philosophen, meinen, dass Humpty Dumpty recht hat: Wer die Dinge benennt, gewinnt Macht über sie und die Menschen. Wenn ich etwas als »A« benenne, fällt »Nicht-A« erst einmal unter den Tisch, und erst recht tun das die feineren Abstufungen wie »Nicht-A1«, »Nicht-A2« oder »Nicht-A3«. Man »denkt« sie nicht mehr, wie auch Benjamin Whorf, Erfinder der berühmten, nach ihm benannten Hypothese argumentierte (die wiederum auf Herder und Humboldt zurückgeht). Simpel ausgedrückt, sagt Whorf: Die Sprache bedingt, was der Sprecher denkt und wie er die Welt versteht. Wenn ich nur Nass-, Neu-

* Humpty Dumpty: *Wenn ich ein Wort benutze, hat es just die Bedeutung, die ich ihm gebe – nicht mehr und nicht weniger.*
Alice: *Die Frage ist doch, ob du Wörtern so viele verschiedene Bedeutungen zuteilen kannst.*
Humpty Dumpty: *Die Frage ist: Wer soll Herr darüber sein? – das ist alles.*

und Pulverschnee im Begriffsköcher habe, kann ich nicht wie Whorfs Nordwest-Indianer über neun verschiedene Schneearten nachdenken.

Wer die Begriffe beherrscht, begrenzt das Denken, meinen wir zusammen mit Humpty Dumpty. Selbstverständlich berufen wir uns auch auf George Orwell (geboren 1903 als Eric Arthur Blair). Er hat der Welt in *1984*, seinem letzten Buch, Vokabeln wie »Neusprech« und »Gutdenk« beschert. Neusprech, schrieb er, »wurde entwickelt, um die Vielfalt der Gedanken zu verringern«, Gutdenk war »orthodoxes Denken«, also richtiges Denken im Sinne der Deutungshoheit Heischenden.

Freilich reden wir hier nicht von »Big Brother«, dem allmächtigen Diktator aus *1984*, der über die Sprache und somit das Denken seiner Untertanen verfügt – notfalls mit Gedankenpolizei und Gewalt. Dieses Büchlein beschäftigt sich mal per Einzeiler, mal ausführlich mit jenem Teil der deutschen Sprache, der das Denken vorwegnimmt, ja ersetzt, weil er gewünschte Reflexe und Gefühle auslöst und andere, nicht gewünschte unterdrückt.

Väter sind Täter ist ein solcher Begriff, der die übelsten Assoziationen über Väter und Männer im Allgemeinen auslöst, **Waldsterben** erweckt apokalyptische Gedanken und erstickt die Frage: Stirbt der Wald wirklich? Nein, er wächst. Die **Entwicklungshilfe** muss erhöht werden, nicht wahr? Sie hat noch keinem Drittweltland zur Entwicklung verholfen. Dieses Büchlein beschäftigt sich auch mit dem Bedeutungswandel, zum Beispiel des Begriffs **links**. Unser Autor notiert: »Stand früher einmal für fortschrittlich, aufklärerisch, human, demokratisch, internationalistisch, sozial und egalitär.

Steht heute für antiwestlich, beharrend, kulturrelativistisch, antiwissenschaftlich, protektionistisch, etatistisch, bürokratisch und elitär.« Vorweg will dieses Buch Sprache entlarven. Zum Beispiel anhand des Stichworts **Che:** »Das ›Bambi‹ der korrekten Gesinnung. Pazifisten schleppen das Bild eines Mannes mit sich, der den dritten Weltkrieg herbeibomben wollte. Che, der kollektivistische Unterordnung und eiserne Disziplin predigte, steht in der Popkultur für rebellischen Individualismus.«

Für Neusprech und Gutdenk bedarf es in einer liberal-demokratischen Gesellschaft keines Diktators und keiner Sprachpolizei, wie Alexis de Tocqueville mit Blick auf das frühe Amerika, die älteste Demokratie, bemerkte. Die Gleichförmigkeit der Gedanken und die Tyrannei der nicht mehr auf ihren Wahrheitsgehalt abgeklopften Überzeugungen sind sehr wohl mit einem freien Staatswesen vereinbar. Der Konformismus formiert sich sozusagen von selbst oder genauer: Er ist das Produkt einer weitläufigen, stets sich wandelnden Klasse, die man die »politische« oder »schwatzende« nennen kann, um den englischen Begriff *chattering classes* aufzugreifen.

Wer gehört dazu? Es sind Politiker und Pädagogen, Sozialarbeiter und Journalisten, Feministen und Akademiker (die sich mit postmodernen Disziplinen wie Identitäts-, Gender- und Drittweltstudien beschäftigen), Gewerkschafter und Theologen, Parteiprogrammverfasser und Funktionäre aller Art. Weit verstreut und keiner zentralen Instanz untertan, arbeiten diese Menschen im Weinberg des Zeitgeistes. Sie schneiden die Sprache zurück und pfropfen neue Schösslinge auf. Der Prozess ist eine Mischung aus Humpty

Dumpty und Wikipedia – alle Interessierten machen mit, aber zum Schluss kommt ein Korpus heraus, der wie das IKEA-Mobiliar zur geistigen Inneneinrichtung der Nation gehört (übrigens auch im Rest der westlichen Welt). Das gemeinsame Ziel ist »Gutdenk« oder genauer »Lenkdenk«, das mit selbstständigem Denken so viel zu tun hat wie eine PowerPoint-Präsentation oder der Chor des Viehzeugs in Orwells *Farm der Tiere*: »Vierbeiner gut, Zweibeiner schlecht.« Wir wollen es neben Orwell auch mit Ludwig Börne halten, der geschrieben hat: »Man muss nicht aufhören, sie zu ärgern.« Und mit Francis Picabia, dem französischen Maler und Schriftsteller, dem zugeschrieben wird: »Der Kopf ist rund, damit das Denken die Richtung wechseln kann.« Um im Vokabular der Postmoderne zu bleiben: Wir haben in diesem Büchlein versucht, den Bedeutungswandel von älteren Begriffen sowie die politische »Ladung« neuer Termini zu »dekonstruieren« – mal polemisch, mal nüchtern, mal ironisch. Die Begriffsbestimmungen reichen von einem einzigen Satz bis hin zum kleinen Essay, der versucht, mit Fakten die »Verdrahtungen« aufzulösen. Dass derlei Dekonstruktion (früher: »Hinterfragen«) ärgert, ist nicht zu vermeiden; dass das Projekt amüsiert, wird erhofft, dass es den Richtungswechsel des Denkens beflügelt, ist erwünscht. Widerspruch willkommen.

Unser besonderer Dank gilt all den Leuten (siehe oben), die uns ungefragt mit Anschauungsmaterial für Gut- und Lenkdenk versorgt haben – und Dagmar Gentsch für ihre geduldige und vorzügliche Redaktionsarbeit.

Josef Joffe, Winter 2006

A–Z

Abholen, Atomenergie, Aussteigen, Antifa, George W. Bush, Che, DDR-Identität, Demut, Dialog, Dosen, Elite, Entwicklungshilfe, Freundschaft, Frieden, Ganzheitlich, Gender, Gesicht zeigen, Günter Grass, Gute alte Zeit, IKEA, Islamophobie, soziale Kälte, Konsumterror, Leistungsdruck, Mainstream, Markt, Migrations-Hintergrund, Neo-Cons, Opfer, Palästinenser, Profit, Rechts, Reform, Respekt, Sensibilisieren, Sex in der Ehe, Spießer, Super-Gau, Tabu, Toleranz, Trauerarbeit, Umstritten, Waldsterben, Zynisch

A

Aberglauben

Irrationale Überzeugungen des vorwissenschaftlichen Zeitalters, wie das Glauben an Hexen und an die Scheibenform der Erde. Der moderne deutsche Mensch aber glaubt nur an das Beweisbare, also an: Sternzeichen, Feng-Shui, Kupferarmbänder, Windmühlen als Ersatz für ➔ **Atomenergie** und fossilen Brennstoff, ➔ **Homöopathie**, ➔ **Gender** als rein gesellschaftliche Prägung, die kapitalistische Weltverschwörung (➔ **Kapitalismus**), das ➔ **Waldsterben**, rhythmisch sich abwechselnde Pandemien, die den Weltuntergang vorzeichnen (Rinderwahn, SARS, Feinstaub, Vogelgrippe, ➔ **George W. Bush**). Der deutsche Mensch ist freilich nicht allein: In amerikanischen Hochhäusern gibt es keinen 13. Stock. Dabei waren unsere Vorfahren gar nicht so dumm. Unbestreitbar richtig ist nämlich die Volksweisheit, die vom Wandeln unter Leitern abrät. Denn meistens befinden sich auf den oberen Sprossen schwere Objekte (Bauarbeiter, Farbtöpfe), die ein magisches Verhältnis zur Erdanziehungskraft haben. jj

Abholen (1)

Höfliche Umschreibung für »einlullen«. »Wir müssen die Menschen abholen«, heißt es, wenn der Bürger die neueste politische Idee nicht gut finden will. Dahinter steht das Bild vom Bürger als Volltrottel, der nicht alleine über die Straße gehen kann, sondern fürsorglich abgeholt werden muss, damit er nicht unter die Räder kommt. max

Abholen (2)

Journalistischer Imperativ aus den Neunzigerjahren, wie in: »Wir müssen die Leser abholen.« Damit wird nicht der Abtransport per Bus oder Straßenbahn gemeint, sondern die Anmache, die auf der Vorstellung beruht, dass der Leser ein dumpfes Wesen sei. Folglich dürfe man ihn nicht mit neuen Fakten, gar neuen Gedanken ködern, nicht erstaunen oder überraschen, sondern müsse ihn am Nasenring seiner Vorurteile aus seinem Haltestellenhäuschen holen. Neue Gleise zu ziehen wird mit Auflagenverlust bestraft. jj

Achtundsechziger (1)

Mensch, der die eigene Postpubertät für die bedeutendste Wende der Weltgeschichte hält. mm

Achtundsechziger (2)

Mensch, der sich von seinem antiwestlichen, antisemitischen Vater emanzipiert hat und seitdem unentwegt Amerika und Israel anschuldigt. mm

Ängste ernst nehmen

Populäres Dauerversprechen, das von Kommunikationsberatern empfohlen wird. Egal, ob jemand sich vor weißen Mäusen oder Nachbars Lumpi, Mobilfunkstrahlen oder PVC-Teppichboden fürchtet: Eine Unterscheidung zwischen berechtigten und unberechtigten Befürchtungen gilt als unsensibel. Deshalb müssen Ängste grundsätzlich »ernst genommen« werden. Auch wenn Befürchtungen nur von winzigen ➔ **Minderheiten** gehegt werden, handelt es sich dabei stets um »Ängste der Bevölkerung«. Ein Heer von Therapeuten, Gutachtern, Medienschaffenden und Sozialpädagogen widmet sich diesen mit Begeisterung, aber nicht zum Behufe der Überwindung der Ängste, denn das wäre schlecht fürs Geschäft. max

Amerika

Ein Land mit einer Fläche von knapp zehn Millionen Quadratkilometern, das von »US-Amerikanern« bewohnt wird und »amerikanisch« spricht. Damit machen wir klar, dass sie sich den Begriff *Americans* in imperialistischer Absicht angeeignet, also den Leuten, die sonst noch zwischen Neufundland und Patagonien siedeln, ihre hemisphärische Identität geklaut haben. Obwohl sie hartnäckig behaupten, »*We speak English*«, beherrschen sie die Sprache Shakespeares und Churchills nicht, sondern nur »Amerikanisch«. Richtiger muss es heißen: »US-Amerikanisch«.
Diese Lektion in geografischer und linguistischer Korrektheit erteilen ihnen allein die Deutschen; nicht einmal die Franzosen nennen die Amerikaner »*États-Unis américains*«.

Die Deutschen nehmen ihnen auch New York weg, wie in: »New York ist natürlich nicht Amerika.« Die amerikanischste aller Städte wird so zur europäischen Enklave. Das ist die Strafe dafür, dass die US-Amerikaner, also Einwanderer aus England, Deutschland, Irland et cetera, den ➔ **Indianern** zwischen dem 17. und 19. Jahrhundert das Land geraubt haben.
Die US-Amerikaner sind zwar das reichste Volk auf Erden, aber eine ➔ **Kultur** haben sie trotzdem nicht, allenfalls eine »Zivilisation«, die vom Kaugummi bis zum SUV reicht. Was ihre Museen an Kunst zeigen, haben sie von den Europäern geklaut oder abgekupfert. Ihre besten Filme wurden bekanntlich von Deutschen (Fritz Lang, Billy Wilder) gemacht, ihre Nationalspeise wurde nach einer deutschen Hafenstadt benannt. Sie haben zwar ➔ **Harvard und Stanford**, aber der Rest ist Schrott, in dem 400 000 europäische Naturwissenschaftler nur des Mammons wegen wühlen.
Bloß: Kein Volk saugt so gern Amerikanisches auf wie das deutsche – vom T- bis zum Sweatshirt, vom Muffin bis zum Bagel. »*We love to entertain you*« ist der Werbeslogan eines deutschen TV-Senders, »Hi« oder »Hallo« (von *how are you* und *hello*) der neue deutsche Gruß. »Schönen Tach noch« ist deutsch für »*Have a nice day*«. Halloween mausert sich zum Nationalfeiertag deutscher Kids. Der Dipl.-Dingsbums weicht dem MA. Warum dann die zwanghafte Herabsetzung? Niemand mag den Verführer. Aber weil wir ihm nicht widerstehen können, mögen wir uns selbst erst recht nicht. Und deshalb projizieren wir unser Unterlegenheitsgefühl auf den Versucher.
In Wahrheit ist Amerika kein Land, sondern eine Projektionsfläche – für die Sehnsucht wie für das Ressentiment.

Amerika

Amerika hat alles Mögliche, was wir unbedingt haben müssen (selbst die Skins bewaffnen sich mit einem uramerikanischen Instrument, dem Baseballschläger), aber um dabei unser Selbstbewusstsein zu bewahren, halten wir unsere überlegene Kultur hoch. Schließlich ist *Der Bulle von Tölz* kulturell höherwertig als *CSI,* und *Die Fallers* besser als *Desperate Housewives.*

Amerika hat die Macht, also zeigen wir ihm unsere höhere Moral – zumal unsere unbedingte Friedfertigkeit, die wir nur dann aufgeben, wenn a) Tausende (wie in Srebrenica) schon hingemeuchelt worden sind und b) die US-Luftwaffe die Drahtzieher bereits niedergekämpft hat. Amerika ist der Rammbock der Moderne, also wollen wir »keine → **amerikanischen Verhältnisse**« (Schröder, Stoiber 2002), während wir im Dienste der Wettbewerbsfähigkeit Zehntausende entlassen und die Arbeitszeiten verlängern.

Amerika erfindet sich andauernd neu, und weil wir spüren, dass wir mitziehen müssen, zelebrieren wir rückwärtsgewandte Utopien, die uns eine scheinbar glücklichere Vergangenheit vorgaukeln. Wir leben, essen, trinken, sehen fern, hören Musik und tanzen wie die Amis, mögen aber Amerika nicht, weil es oberflächlich, prüde, geldgeil, selbstbezogen, materialistisch und wurzellos ist. Oder weil es das Gegenteil ist: schamlos, konformistisch, traditionsverhaftet, ultranationalistisch und hyperreligiös.

Bevor wir aber den Kids die Baseballmütze aufsetzen und mit ihnen im Cherokee auf die Friedensdemo fahren, downloaden wir erst noch diesen Blockbuster mit Dolby Digital Surround. Mein Apple ist übrigens hipper als dein PC. Aber bleib cool, wir seh'n uns. jj

Amerikanische Verhältnisse
Vorhof der Hölle ohne Flächentarifvertrag. max

Anarchisten
Verkannte Gutmenschen. Der natürliche Feind der Anarchisten ist der Journalist. Ihm verdanken sie ihren schlechten Ruf. Was steht in der Zeitung, wenn Clanführer in Afghanistan aufeinander losgehen? »Anarchie am Hindukusch!« Und wenn die Kurse verrücktspielen: »Anarchie an der Börse!« Der Leser lernt: Anarchie heißt Chaos, Anarchisten sind Terroristen. Von allen politischen Heilslehren des 19. Jahrhunderts hat der Anarchismus die schlechteste Presse.
Anarchisten, die (im Zarenreich) Bomben legten, spielen in der Geschichte des Terrorismus nur eine winzige Nebenrolle. Die weitaus meisten Attentate wurden von religiösen Fanatikern, Faschisten, Nationalisten, Separatisten und Kommunisten ausgeführt. Dennoch blieb das blutige Image des Terrorismus ausgerechnet an den Anarchisten hängen. Über dem ersten RAF-Steckbrief in den Siebzigerjahren prangten die Worte »Anarchistische Gewalttäter«, obwohl die Baader-Meinhof-Bande sich als kommunistischer Guerillatrupp verstand.
In der Rangliste der politischen Mörder und Unterdrücker des 20. Jahrhunderts rangieren Anarchisten ganz weit unten. Zweimal hatten sie für einen Wimpernschlag der Geschichte so etwas wie Macht über ein Territorium. In der Ukraine (zwischen 1918 und 1921) und in Katalonien (1936). Sie agierten dort ziemlich brutal, jedoch nicht brutaler als ihre jeweiligen Bürgerkriegsgegner, von denen sie später ausgerottet

wurden. Die vorherrschenden Strömungen des Anarchismus hatten mit Gewehren und Bomben jedoch wenig am Hut.
Vorurteil zwei besagt, dass Anarchie ein Synonym für Chaos sei. Die Theoretiker des Anarchismus erstrebten jedoch nicht Zerfall und Konfusion, sondern ein herrschaftsfreies Zusammenleben aller Menschen. Gemessen an ihren Zielvorstellungen ist die Schweiz heute das anarchistischste Land der Welt. Denn nirgendwo ist die Regierung machtloser und die direkte Demokratie stärker. mm

Antiamerikanismus

Den gibt es nicht, sondern nur gerechtfertigte Kritik an der Kulturlosigkeit, Verkommenheit oder Gewalttätigkeit der Amerikaner, sowie an ihrem Puritanismus und seinem Gegenteil, der Sexbesessenheit. Sehr wohl aber gibt es Anti-Antiamerikanismus, die Totschlagideologie all jener, welche die Wahrheit über Amerika zu unterdrücken versuchen. jj

Antifa

Organisationsform des nachgeholten → **Widerstands**. Je länger das Dritte Reich zurückliegt, umso mehr Antifaschisten gibt es. Dazu eine Gelegenheit, Lederjacken mit dekonstruierten Hakenkreuzen zu tragen und so dem verhassten Symbol zärtlich auf den Leib zu rücken. hb

Antifaschismus

Fester Bestandteil politischer Folklore. Das Wort Faschismus – eigentlich eine Bezeichnung für Mussolinis Ideologiemix – wurde von ➔ **links** zum verbindlichen Terminus für ➔ **Hitlers** Diktatur verordnet, um »Nationalsozialismus« zu vermeiden. Denn in Nationalsozialismus steckt ➔ **Sozialismus** und das weckt falsche Assoziationen.

In der DDR war Antifaschismus eine Art Staatsreligion, kanonisiert und durch unverrückbare Riten reguliert. Besonders staatsfromm war die Darstellung der NS-Opfer, zum Beispiel in den offiziellen KZ-Gedenkstätten. Die Rangfolge verlief so: Die Nazis verfolgten und ermordeten Ernst Thälmann und natürlich die KPD, außerdem noch ein paar Sozialdemokraten und Gewerkschafter (die aber im Herzen zur KPD gehörten) und dann noch die, äh, ➔ **Juden**.

Aus antifaschistischer Perspektive war das Dritte Reich eine Spielart bürgerlicher Herrschaft, so wie die liberale Demokratie. Es unterdrückte die Arbeiter und vertrat die Interessen des Großkapitals. Mit dem Stalinismus und anderen totalitären Herrschaftsformen hatte es nichts gemein. Das wurde in den Siebziger- und Achtzigerjahren nicht nur von der DDR vorgebetet, sondern auch von der großen Mehrheit der westdeutschen Linken und Linksliberalen so geglaubt und an den Unis gelehrt. mm

Antidiskriminierungsgesetz

Aus Amerika importiert, von der EU in Direktivenform gegossen und 2006 von der Bundesregierung verschärft: ein Gesetzeswerk, das die aussterbenden Deutschen mit einem

Schlag fast verdoppelt. Betroffene ➔ **Minderheiten** und potenzielle ➔ **Opfer**gruppen sind: 42 Millionen Frauen, 20 Millionen Rentner, 8 Millionen Behinderte, je 30 Millionen Katholiken und Protestanten, 3 Millionen Muslime, 100 000 ➔ **Juden**, dazu Pfingstler, Adventisten, Mormonen und andere, 3 Millionen Homosexuelle. Macht schon mal 136 Millionen, plus 7 Millionen Ausländer, die wiederum nach Hautfarbenschattierung unterteilt werden. Also insgesamt um die 145 Millionen. Jetzt können die Deutschen nicht mehr aussterben, und da das Gesetz unzählige einklagbare Rechte definiert, werden Rechtsanwälte, Antidiskriminierungsbeauftragte und Richter bald die größte Bevölkerungsgruppe stellen. jj

Antisemitismus
Philosemitismus, der in sein Gegenteil umschlägt, wenn die ➔ **Juden**, zumal die Israelis, sich nicht so verhalten wie »Nathan der Weise«. jj

Antizionismus
Der ➔ **Antisemitismus** der cleveren Kerle. mm

Armut
Wunderwaffe im Kampf um politischen Einfluss. Wer die Begriffsbestimmung von Armut vorgibt, kann damit ein weites moralisches Terrain erobern. Schutzherren der Armut sind die Sozialverbände und Sozialbehörden, deren Exis-

tenzgrundlage sie ist. Armut ist Definitionssache. Die Weltbank definiert Menschen als absolut arm, wenn sie einen → **Dollar** am Tag oder weniger (in lokaler Kaufkraft) für die Befriedigung von Lebensbedürfnissen zur Verfügung haben. Diese Definition würde auf einen Schlag alle Europäer für reich erklären – ein Desaster für Sozialpolitiker.

Nach Definition der WHO ist arm, wer monatlich weniger als die Hälfte des durchschnittlichen Haushaltsnettoeinkommens seines Landes zur Verfügung hat. In den Mitgliedsländern der EU wird als arm bezeichnet, wer über weniger als 60 Prozent dieses Durchschnittseinkommens verfügt. Man nennt dies »relative Armut«. »Das bedeutet«, so Hans Magnus Enzensberger, »dass uns die Armut praktisch nicht ausgehen kann.« Denn wenn das Pro-Kopf-Einkommen bei zwei Millionen Euro läge, dann wären die einfachen Millionäre relativ arm. Die Deutschen wurden seit Ende des Zweiten Weltkriegs immer reicher und mit ihnen auch die armen Deutschen. Der Durchschnittsverdiener verfügte zu Beginn des 21. Jahrhunderts über ein doppelt so hohes Realeinkommen wie 30 Jahre zuvor. Die relative Armut blieb somit erhalten, ähnlich dem Tiefgang eines Schiffes, der unabhängig vom Wasserstand gleich bleibt.

Heutige Arbeitslosengeldempfänger genießen einen höheren Lebensstandard als Facharbeiter in den Sechzigerjahren des 20. Jahrhunderts. Diese wären empört gewesen, hätte man sie damals arm genannt. Armut ist aber auch eine Frage der Geografie. Arme in Deutschland sind reicher als viele Menschen in den östlichen EU-Staaten, die sich keineswegs als arm empfinden.

Armut in Deutschland ist auch eine Frage der Geschicklichkeit. Ein offiziell Armer, der findig darin ist, öffentliche Hilfen, inoffizielle Erwerbsquellen und verwandtschaftliche Beziehungen zu nutzen, kann recht angenehm leben. Andererseits kann ein weniger geschickter, hart arbeitender Selbstständiger oder Lohnempfänger real arm sein. So etwas zu behaupten ist herzlos und sozial kalt. mm

Artensterben

Zahlenlotto von Ökoaktivisten zur Aufrechterhaltung des schlechten Gewissens. Jedes Jahr stirbt eine Art aus. Oder jede Stunde, vielleicht sogar jede Minute? Alle drei Varianten kursieren seit Jahrzehnten durch die Medien. Die Kunde vom rasenden Artentod gehört zum Lernprogramm der Schulen und zum Allgemeinwissen der Gebildeten. Dagegen, heißt es, sei der Untergang der Dinosaurier eine milde Krise gewesen.

Doch steht die tiefe Sorge in einem seltsamen Kontrast zu den Zahlen. Vorläufiger Sieger im Wettbewerb um die düsterste Vorhersage wurde die Zahl »27 000 pro Jahr« (macht ungefähr drei pro Stunde). Sie wird inzwischen am häufigsten zitiert und abgeschrieben.

Die siegreiche Schätzung kam zustande, als Forscher auf einem einzigen Tropenbaum über tausend Käferarten entdeckten. Offenbar gab es zahlreiche tropische Krabbeltiere, die noch niemand registriert hatte. So wurden potenzielle Verluste an unbekannten Insekten hochgerechnet, die bei der Rodung der Tropenwälder entstehen könnten. Und schließlich kam die heute verbindliche Schreckenszahl heraus – als Ergebnis einer Hochrechnung, die auf einer Hypothese beruht. In der Realität konnten solche Verluste nirgends nachgewiesen werden – selbst dort nicht, wo der Urwald komplett abgeholzt wurde.

Unterstützt von der erschütternden Statistik wird dem Publikum suggeriert, es ginge um seine Lieblinge aus dem Zoo, um Panda, Tiger und Elefant. Weil das Verschwinden tropischen Ungeziefers weniger Menschen beunruhigen würde, übertragen die Alarmisten ihre fragwürdigen Zahlen sicherheitshalber auf die Kuscheltiere. Die meisten Laien wissen nicht, dass Gott eine übertriebene Vorliebe für Käfer hatte. In keiner anderen Ordnung der ➔ **Tiere** oder Pflanzen gibt es eine größere Vielfalt: Mehr als die Hälfte aller bekannten Arten sind Insekten, davon gehört wiederum die Hälfte zu den Käfern.

Wären derlei Hochrechnungen zutreffend, müssten bereits in den vergangenen Jahren Hunderttausende Arten ausgestorben sein. Doch nur eine Handvoll Verluste konnte nachgewiesen werden. Die offizielle Liste umfasst 784 Tier- und Pflanzenarten (IUCN/WWF 2006). Die meisten davon starben im 18. und 19. Jahrhundert aus. In der zweiten Hälfte des 20. Jahrhunderts gingen so wenige Säugetier- und Vogelarten verloren wie selten in der Geschichte. Das Artensterben ist Teil des Statistik-Voodoos, der zur Ökoreligion gehört wie Weihrauch zum Katholizismus. mm

Atomenergie

Der Sonne abgeschaute Form der Energieerzeugung mit üblem Imageproblem. Einst große Hoffnung der Menschheit auf ein »ewiges Feuer«. Als der liebe Gott die Welt erschuf, erfand er auch die Atomkraft. Der Mensch setzte anfänglich auf das Lagerfeuer und kam erst später auf den Atomdreh. Der lieferte sauberen Strom aus der Steckdose, bis er in Verruf geriet.

In den Siebzigerjahren des vorigen Jahrhunderts prophezeiten Atomkritiker, die technische Entwicklung münde unweigerlich in »einer Art Technofaschismus«, der mit der Parole »Plutonium über alles« jeden Kritiker »zermalmen« werde (Robert Jungk). Das Wort vom »atomaren Holocaust« war von den Deutschen ursprünglich für die Bombe von Hiroshima reserviert und diente der Gleichsetzung von Amerika mit Nazimassenmördern. Alsbald fand man den Begriff auch im Kampf gegen die Atomenergie nützlich.

Als Sowjettechniker 1986 den Kraftwerksblock von ➔ **Tschernobyl** in die Luft fliegen ließen, war es zwar nicht um die sowjetische, aber um die deutsche Atomkraft geschehen. Die Deutschen zogen landestypische Konsequenzen: Im eigenen Land, wo Kernkraftwerke über ein halbes Jahrhundert ohne nennenswerte Gefährdung der Bevölkerung liefen, sollen sie abgeschaltet werden. Dort, wo von solcher Sicherheit keine Rede sein kann, dürfen sie weiterlaufen oder werden mit deutscher Hilfe sogar neu gebaut. An die Stelle der Kernspaltung trat die Spaltung des Bewusstseins. max

Aufklärung an den Schulen

Für Schüler fast so gut wie eine Freistunde. Ende der Sechzigerjahre gelangte ein Jugendmagazin namens *Underground* an die Kioske, dem der Ruf vorauseilte, antiautoritär und sexuell freizügig zu sein. Am Erscheinungstag klärten an vielen

Schulen indignierte Lehrer über das problematische Druckwerk auf, was naturgemäß zu einer rasanten Verkaufssteigerung der Postille führte.
Das hindert Volkserzieher aber nicht daran, ständig die Aufnahme neuer Aufklärungsanliegen in den Stundenplan zu fordern. Ob Drogen, sexueller Missbrauch, Fettleibigkeit, Ausländer- und Frauenfeindlichkeit, mangelndes ➔ **Umwelt**- oder Geschichtsbewusstsein: Mit Unterrichtseinheiten, Sonderstunden und Seminaren kämpfen wackere Pädagogen für das Gute im Kind.
Hinzu kommen ➔ **Gender**- und Umwelterziehung, Multikulti-Kunde, Nachhaltigkeits- und Gegen-rechte-Gewalt-Sensibilisierung. Die Lehrergewerkschaft GEW hat sogar eine Studie zum Thema »Lesben und Schwule in der Schule« angefertigt und klagt: »Die Lehrer haben fast kein geeignetes Material.« Zum Glück geht Berlin voran: »Ganz normal anders – lesbisch, schwul, bi« heißt ein an Berliner Schulen eingesetztes Lehrbuch. Damit die so vermittelte Lebenskompetenz aufblüht, können störende Sekundärfertigkeiten wie Rechnen und Schreiben in den Hintergrund treten. mm

Aufrechter Gang
Früher: Ausbildung des Gleichgewichtssinns und Laufen auf zwei Beinen. Später: Erhobenes Haupt gegenüber Mächtigen und ➔ **Widerstand** gegen Unrecht und Verbrechen. Heute: Mit einer Trillerpfeife und einem ver.di-T-Shirt für die Privilegien des öffentlichen Dienstes oder subventionierte Bühnen kämpfen. max

Aufrütteln und Bewusstmachen
Ununterbrochene Wiederholung von Schreckensszenarien, die jedermann bereits auswendig kann. Meist in Verbindung mit der Aufforderung, Buße zu tun oder seinen Lebensstil zu verändern, um das Unheil noch abzuwenden. Als generelle Abwehr gilt ➔ **Verzicht** – außer beim Kinderkriegen und ➔ **Gesicht zeigen.** max

Aufstand der Anständigen
Mit staatlicher Unterstützung organisierte Massenveranstaltung, die der Demonstration der eigenen Untadeligkeit dient. max

Ausgewogen
Steht für Äquidistanz und Beliebigkeit in der Medienberichterstattung. Ein neuer Typus von Medienschaffenden, der sich als besonders offen und unideologisch versteht, vermeidet es konsequent, darüber Auskunft zu geben, ob eine Sache nun richtig oder falsch sei. Ausgewogene Zeitgenossen wundern sich, wie erbittert über »Für und Wider« gestritten wird. Sie mokieren sich über »ideologische Grabenkämpfe« oder »Auseinandersetzungen von gestern«.
Dabei kommen Fernsehsendungen mit Titeln wie »2 + 2 = 4 oder 2 + 2 = 5? Chancen und Risiken zweier Wissenskulturen« heraus. Oder auch »Pro und Contra«. Man sieht den Talkmaster oder die Talkmasterin förmlich vor sich, wie er/sie mit besorgter Miene die Frage stellt: »Zwei plus zwei gleich vier – haben wir es hier nicht mit der totalen Unter-

ordnung unter die Gesetze der Mathematik zu tun? Wo bleibt der Mensch?« Egal, ob es um die Rente, Wunderheiler oder Gentechnik geht: Das journalistische Gebot in Streitfällen, immer auch die Gegenseite anzuhören, wird zur Beliebigkeit weiterentwickelt. Man gibt den neutralen Schiedsrichter zwischen zwei gleichwertigen Mannschaften – selbst wenn es sich um Bombenleger und Anschlagsopfer handelt. Losgelöst von Fakten, Naturgesetzen oder ethischen Grundsätzen ist plötzlich alles gleich wahr. max

Ausgrenzen

Nicht ausgesprochene Einladung zum Gartenfest, sofern es sich bei den betroffenen Personen um Vertreter anderer Nationalitäten, Religionen, sexueller Orientierungen oder Hautfarben handelt. max

Ausländische Mitbürger

Bei → **Besserverdienenden** folkloristisch beliebte Volksgruppe, die unsere bunten Wochenmärkte bereichert und den Müll abholt. Für die anderen: unlautere Konkurrenz um Arbeitsplätze, Sozialhilfe und tiefer gelegte BMWs. max

Aussteigen

Idyllische deutsche Zukunftsstrategie, die nicht nur die → **Atomenergie** betrifft. Aussteigen, Abschalten, Raushalten, Verzichten zählen zu den edlen Daseinsformen. Der »Aussteiger«, ein Kind der Siebziger- und Achtzigerjahre des

vorigen Jahrhunderts, kommt unter veränderten Bedingungen zu neuen Ehren. Diesmal wird nicht freiwillig ausgestiegen, sondern aus der Not heraus. *Die Kunst des stilvollen Verarmens* heißt ein Bestseller, der die Arbeitslosigkeit als »Chance« sieht, »sich dem ➔ **Konsumterror** zu entziehen«. Die Lösung liegt nicht im Tun, sondern im Lassen, und dieses mit moralisch höheren Weihen zu versehen.
Seit es in Deutschland kaum noch Wirtschaftswachstum gibt, entdecken viele wieder den ökologischen Charme des Nullwachstums und feiern es als Dienst an ➔ **künftigen Generationen**. Sarah Wiener, Inhaberin von Prominentenrestaurants in Berlin, stellte in der Fernsehserie »Gutshaus« erleichtert fest, das Gesinde habe früher gesünder gelebt als die Herrschaft: »Wir bekamen ja nur das zu essen, was die uns übrig ließen, Butter und Eier waren schon vom Teller.« Kürzlich veröffentlichte der *Stern* eine Titelgeschichte namens »Einfach die Welt verändern«. Zitat: »Schließen Sie den Wasserhahn beim Zähneputzen. Essen Sie mehr Saisongemüse. Lernen Sie einen Witz. Drehen Sie die Heizung ein Grad herunter. Verschenken Sie die Vorfahrt. Kaufen Sie einem Obdachlosen einen heißen Kaffee.« Die ➔ **Ethik** des Erschaffens und Mehrens kommt in diesem abgrundtief pessimistischen Weltbild nicht mehr vor, genauso wenig wie das Vertrauen in den Menschen als Denker und Schöpfer. max

Authentisch

Adjektiv mit imponierender Aura. Alle haben es gern authentisch, die TV-Redakteurin, der PR-Berater, der NGO-Funktionär. Die Sache soll echt rüberkommen und mit viel

Gefühl. Authentisch ist es, wenn in einer Bürgerversammlung fünf hochkarätige Wissenschaftler ausführlich dargelegt haben, warum der Neubau eines Minigolfplatzes kein bedrohliches ➔ **Risiko** darstellt – und dann einer aufsteht und sagt: »Aber ich habe Angst.« Dann können die fünf Experten einpacken. Und die Journalisten wissen, wem sie ihr Mikrofon unter die Nase halten. Richtig authentisch sind auf Podien auch ➔ **Indianer,** ➔ **alleinerziehende Mütter** oder sonst wie Betroffene. Deshalb darf ihnen nicht widersprochen werden. Auch auf Theaterbühnen kommt es gut an, wenn der Regisseur ein paar authentische Transsexuelle, Skinheads oder Drogensüchtige ins Stück einbaut, die sich selber spielen dürfen. Das ist nicht amateurhaft, sondern authentisch. mm

B

Bäume

Pflanzliche Lebensform, auf der Sinn wächst. In den Achtzigerjahren nannte man engstirnige Menschen plötzlich »Betonköpfe«. Denn der traditionelle »Holzkopf« klang nicht mehr beleidigend genug. Hölzernes Salatbesteck, renoviertes Fachwerk und Holzspielzeug für die Kleinen rückten ins Zentrum bürgerlicher Wohnkultur. Mit der Holzgemütlichkeit kam die Baumfrömmigkeit. »Mein Freund, der Baum«, seufzte Schlagersängerin Alexandra. Bäumen müsse man zuhören, hatte schon Hermann Hesse empfohlen: »Wer mit ihnen zu sprechen, wer ihnen zuzuhören weiß, der erfährt die Wahrheit.« Wer noch mehr wollte, durfte sie → **sanft** umarmen. Wenn in Schwabing, Pöseldorf oder Bockenheim eine Kastanie die Blätter hängen lässt, werden Rettungskomitees gegründet, die den Baumchirurgen bestellen. Dessen botanische Heilbehandlung kann 10 000 Euro kosten. Doch absägen und neu pflanzen gilt unter sensiblen Menschen als Baumfrevel. Einer der beliebten runden Aufkleber der Achtzigerjahre trug den Slogan: »Baum ab? Nein danke!« Da man ihn auf Autos und nicht auf Möbel klebte, ging der Widerspruch zur hölzernen Inneneinrichtung verloren. In der Psychologie wird dies als »Leberwurstparadox« bezeichnet: das Unvermögen, den Brotaufstrich mit der Tat des Metzgers in Verbindung zu bringen. Stehen mehrere Bäume zusammen, handelt es sich um einen ➔ **Wald**. Holz ist Zeitgeschmack, Bäume sind Heiligtümer, Wald ist eine ganze Religion. mm

Besserverdienende
Vormals Ärzte, Rechtsanwälte, Selbstständige. Heute Wähler der Grünen ab TVöD 13 (früher: BAT IIa). max

Bildungsferne Schichten
Der Teil der Bevölkerung, der sich weigert, ARTE zu gucken, Bier statt Bordeaux trinkt und alle drei Berliner Opernhäuser boykottiert – eine peinliche Lebensart. Das böse amerikanische Wort vom *white trash* ist auch bei Leuten salonfähig geworden, die sonst mit korrekter Diktion glänzen.
Es dient zwar nicht der Hochkultur, wenn Eltern ihre Kinder ausschließlich mit Super-RTL, Ego-shooter-Spielen und Schokoriegeln großziehen. Aber nicht weniger verstörend ist der ausgestreckte Finger, der auf die da unten zeigt. Dünkel ist erlaubt, wenn man die schnöden materiellen Wünsche der Unterschicht aufspießt. Bloß ist das falsche Bewusstsein nicht nur ein Problem der schlichten Gemüter.
Man denke an die wechselnden Aufwallungen, die Deutschland in den letzten Jahrzehnten heimsuchten. Während das ➔ **Waldsterben** in Redaktionsstuben wütete, fassten Wald-

arbeiter im dunklen Tann sich nur an den Kopf. Auch um einen strengen Winter als Zeichen ➔ **globaler Erwärmung** zu deuten, muss man dialektisch geschult sein. Erst dann leuchtet es auch ein, warum neuerdings billige Lebensmittel schlecht sind. max

Bio und Öko

Sinnfreie Wohlfühlsilben, die vor jedes beliebige Wort geklebt werden können und ihm dadurch den Glanz gehobener Sittlichkeit verleihen. Biojoghurt und Ökotourismus, Biowolle und Ökowaschmittel, Biosauna und Ökopartei, Biosprit und Ökoarchitektur – nur Biotechnologe und Biowaffen sind ausgenommen. Die tragen ihre Vorsilben aus vergangenen Zeiten, als »bio« noch die Abkürzung von »biologisch« war und nicht ein semantisches Signal für das Gute. Was aber ist heute »bio« oder »öko«? Mal bedeutet der Zusatz »auf dem Acker gewachsen«: Biosprit. Mal »energiesparend«: Bioarchitektur. Mal »biologisch abbaubar«: Ökowaschmittel. Meist aber steckt kein konkreter Vorzug dahinter, sondern nur findiges Marketing.
Bei Agrarprodukten bedeuten die beiden Zaubersilben, dass die jeweiligen Güter nach den Richtlinien der Ökolandbau-Verbände erzeugt wurden (Ökojoghurt, Biowolle). Die meisten Verbraucher assoziieren damit »frei von gesundheitsschädlichen Stoffen«. Freilich sind gesundheitsschädliche Substanzen oft Teil des Produkts, bei Ökozigaretten beispielsweise. Das mit weitem Abstand höchste Gesundheitsrisiko bei Lebensmitteln kommt nicht von künstlichen Zusätzen oder Pflanzenschutzmitteln, sondern von Bakterien

und Schimmelpilzen, die im tierischen Dünger lauern oder sich durch falsche Lagerung vermehren. Entgegen dem Volksglauben bedeutet Ökolandbau auch nicht den Verzicht auf Pestizide. Lediglich Gifte aus der Chemiefabrik sind verboten, solche pflanzlicher oder mineralischer Herkunft sind ebenso erlaubt wie Schwermetalle. mm

Blut für Öl

Wenn die Amerikaner Hunderte Milliarden ➔ **Dollar** in die ➔ **Kriege** gegen Saddam Hussein (1991 und 2003) werfen, damit hernach täglich zwei Millionen Barrel Öl aus irakischer Produktion in den Weltmarkt fließen (die Saudis exportieren fast zehn Millionen Barrel). Das ist so verwerflich, weil die beiden Bushs (Vater und Sohn) das Öl viel billiger und ganz unblutig hätten haben können – indem sie sich bei Saddam lieb Kind gemacht, ihm den Raub Kuwaits sowie die Vergasung von Kurden verziehen und ihm freie Fahrt bei der Herstellung von Massenvernichtungswaffen gegeben hätten –, so wie Russen und Franzosen, die mit dem Diktator ihre separaten Öldeals abgeschlossen hatten. Bei den Russen, die Saddam das Kernkraftwerk in Busheer aufgebaut haben, war es also »Atom für Öl«. jj

Bush, George W.

Ein-Mann-Achse des Bösen, der die Wahl von 2000 nur mithilfe eines willfährigen Supreme Court gewonnen hat, obwohl *New York Times* und *Wall Street Journal* im Entscheidungsstaat Florida nachgezählt und seinen Vorsprung bestätigt haben. Aber die Medien (➔ **Ostküstenpresse**) gehorchen sowieso dem Kapital (insbesondere die linksliberale *Times*, die W. in herzlicher Feindschaft zugetan ist). Bush hört auf göttliche Stimmen wie einst Johanna von Orleans. Kein Wunder, sind doch die USA und die Islamische Republik Iran die beiden einzigen Theokratien der Welt. Überhaupt befindet sich Amerika im zivilisatorischen Minus, weil es an Gott glaubt und sogar seine Dollarscheine mit »*In God We Trust*« beschriftet. Bush ist auch intellektuell im Rückstand, obwohl seine Zensuren in Yale besser waren als die von John Kerry, seinem Herausforderer von 2004. Seine liebste Beschäftigung ist die Kriegstreiberei, und deshalb wird man doch wohl mal fragen dürfen (➔ **man wird doch wohl mal sagen dürfen**), ob nicht der US-Imperialismus die wahre Wurzel des islamistischen ➔ **Terrors** sei. Das Erbauliche an W. ist, dass man an einem deutschen Esstisch nur »Bush« sagen muss, um sich in eine Ein-Mann-Achse des Guten zu verwandeln, bekundet man doch so, dass man gegen alles Böse ist: ➔ **Globalisierung**, ➔ **Kapitalismus**, Klimawandel, Militärmacht, ➔ **Neoliberalismus**, ➔ **Konsumterror**. Bush verkörpert die Selbstvergewisserung der wieder gut gewordenen Deutschen. jj

C

Charity

Die Synthese von kaltem Buffet und menschlicher Wärme. Früher trafen sich die höheren Stände bei Hofe, beim Opernball oder bei der Jagd zu Pferde. Nun muss man zeitgemäßere Wege finden, um sich stilvoll abzusetzen. Deshalb heißt »Wohltätigkeit« jetzt »Charity« und dient in erster Linie dazu, den ratlosen Redakteuren von *Bunte* und *Gala* die Seiten zu füllen. Draußen in der Welt lauert die ➔ **Armut**, doch eine standhafte Truppe aus Film, Fernsehen, Sport, Adel und Geldadel formiert sich bei Dom Pérignon zum ➔ **Widerstand**. In der Vorweihnachtszeit verstopfen die Charity-Events die Festsäle der Großstädte. Zwischen Bussi-Bussi und Happi-Happi schaut man betroffen drein und spricht ein paar warme Worte über den Hunger in der Welt, oder waren es diesmal die Waisenkinder?

Wie, warum und für was genau das wohltätige Geld eingesetzt wird, bleibt oft im Dunkeln. Aus Afrika und anderswo dringen immer mehr Berichte über Spendenorganisationen, die nicht unbedingt an die Notleidenden denken. Sie dramatisieren das Elend, statt an seiner Abschaffung zu arbeiten. Während Entwicklungsexperten und Ökonomen das leichtfertige Geldverteilen geißeln, dreht sich das Spendenkarussell immer hektischer. Afghanische Kriegsopfer, maghrebinische Flüchtlinge und afrikanische Aids-Waisen sehen uns vorwurfsvoll von Plakaten an. Der deutsche Fundraising-Verband diagnostizierte bereits im Jahr 2003 einen Verdrängungswettbewerb unter den Hilfsorganisationen. Es geht dabei um den Anteil an zweieinhalb bis drei Milliarden Euro, welche die Deutschen alljährlich für gute Zwecke stiften. Schwarz muss das → **Opfer** sein, Kinder wecken ebenso gut Reminiszenzen an jene historischen Schreckensbilder, die jedem im Kopf sitzen. Gern wird Stacheldraht im Vordergrund genommen, das ruft die Erinnerung an KZ-Gefangene wach und bringt den nötigen »Emotionalitätsschub«. Was sollen uns die Bilder sagen? Eigentlich nur das eine: Schrecklich, dass es Armut auf der Welt gibt. Das ist jedoch bekannt. Deshalb wäre es interessant zu erfahren, warum es Armut gibt und wie die jeweilige Hilfsorganisation dagegen vorzugehen gedenkt – außer mit Charity-Events. mm

Che

Das »Bambi« der korrekten Gesinnung. Manche → **Tiere** werden von allen geliebt. Selbst wenn sie wie Koalabären zur Plage werden, darf man ihnen nichts tun, weil sie zu niedlich sind. Im Naturschutz heißt dieses Phänomen »Bambi-Syndrom«. Che-Guevara-Kult ist politisches Bambi-Syndrom. Jeder weiß, dass der Kommunismus ein Nebelreich der → **Armut** und Unterdrückung war (und in Kuba noch immer ist).

Jeder weiß, dass der lateinamerikanische Guerillakampf ein grausames Spiel ideologischer Fantasten war. Und dennoch: Che gilt als kuchengut. Während seine Geistesverwandten längst von ihren Betonsockeln gestoßen worden sind, prangt Che weiter auf T-Shirts und Postern, eröffnen Bars und Cafés mit seinem Namen, tragen Uhren und Weinflaschen sein Konterfei.

Ein totalitärer Killer wird als Freiheitskämpfer verehrt. Pazifisten schleppen das Bild eines Mannes mit sich, der den dritten Weltkrieg herbeibomben wollte. Che, der kollektivistische Unterordnung und eiserne Disziplin predigte, steht in der Popkultur für rebellischen Individualismus. Der Spinat-Mythos war auch so ein zähes Missverständnis. 1890 unterlief einem Chemiker ein Kommafehler. Aus 2,2 Milligramm Eisen pro 100 Gramm machte er 22. Noch 100 Jahre danach zwangen Eltern ihre Kinder zum Spinatessen, weil Eisen gut sei. Der Kommafehler bei Guevara war das Foto des Alberto Korda, auf dem der Comandante mit wehendem Haar unterm Barett ins Unendliche blickt. Eine Ikone des jugendlichen Nonkonformismus war geboren. Styling und Accessoires wurden millionenfach kopiert: Lange Haare (Beatles), Dreitagebart (Udo Walz), Zigarre (Schröder). Wie sagte doch Sartre: »Che war der vollendetste Mensch unserer Zeit.«

Diese wundersame Verwandlung fand schon zu Lebzeiten statt und triumphierte kurz nach seinem Tod. Auf ihn konnten sich alle einigen. Che, das war der Hippie mit der Knarre, der Rebell mit karibischer Wärme. Hatte er nicht mal gesagt, Kuba sei »→ **Sozialismus** mit Cha-Cha-Cha«? Klingt irgendwie → **liberal**. mm

Chemie
Das Gegenteil von »natürlich« und gleichzusetzen mit »giftig«. mm

Christliche Fundamentalisten
Werfen keine Bomben, dienen aber als Entschuldigung für islamische Fundamentalisten. Sehr viele Amerikaner sind in einer sehr offen bekennenden Weise christlichen Glaubens, ihr Präsident eingeschlossen. Und viele Europäer haben ein Problem damit.
Kaum ein Kommentar, kaum eine Analyse der USA kommt ohne den Hinweis auf den »wiedergeborenen Christen« George W. → **Bush** aus, der von einer »religiösen Rechten« im Amt gehalten worden sei. Im Hintergrund schwingt dabei immer mit, dass frommen Republikanern genau wie islamischen Fundamentalisten alles zuzutrauen sei. Nun mögen viele Christen im ländlichen Mittelwesten Homosexualität oder Abtreibung ablehnen, aber selbst die Fundamentalisten unter ihnen glauben nicht, sich den Eintritt ins Paradies mit einem Sprengstoffgürtel verschaffen zu müssen.
Die USA sind seit Bushs zweiter Amtszeit gleichsam ein Fall für den Sektenbeauftragten. Während sich die tonangebenden Deutschen gegenüber fremden Kulturen und Religionen als nahezu unbegrenzt tolerant gerieren, betrachten sie ab sofort mehr als die Hälfte der Amerikaner als gefährliche, Bibel schwingende Hinterwäldler, die nicht therapierbar sind. Deren Ansichten sind zwar ziemlich identisch mit denen des deutschen Papstes, aber auch das reicht nicht für mildernde Umstände.

Nun gibt es hierzulande christliche Parteien. Doch gläubige Christen sind selbst CDU und CSU eher peinlich. Deutsche Kirchen verstehen sich zunehmend als seelsorgerische Eventagenturen, die auf dem Zeitgeist surfen, oder als Nichtregierungsorganisationen zur Rettung der Welt vor ➔ **Kapitalismus** und Mammon. max

Corporate Responsibility

Neudeutsch für »Ablass«. Mit der **CR**, die auf den ersten Seiten eines jeden Geschäftsberichtes gefeiert wird – also der Sozialverantwortung allen Eigentums –, kaufen sich Großunternehmen frei für die allfälligen Grausamkeiten, die sie begehen müssen, um weltweit wettbewerbsfähig zu bleiben. Heuchelei ist der Tribut, den das Laster der Tugend zollt (La Rochefoucauld). Wir brauchen mehr Heuchelei. Jeder DAX-Vorstand sollte sich eine gut alimentierte Stiftung gönnen, die sich um Bildung, ➔ **Kultur** und Integration kümmert – allein, um einem übermächtigen Versorgungsstaat ein Quantum an Vielfalt (und Effizienz) gegenüberzustellen. jj

Cowboy

Frontschwein im Kampf der Kulturen. »*I am a poor lonesome Cowboy, far away from home …*« sang Lucky Luke, als die Welt für den Cowboy noch in Ordnung war. Angefangen von Karl May über den Comic bis hin zu den frühen Fernsehserien begleitete der Cowboy den heranwachsenden Deutschen. Unvergesslich bleiben die allsonntäglichen Bonanza-Abenteuer der Cartwrights auf ihrer Ponderosa-Ranch.

Cowboy

Der Viehhirte amerikanischer Herkunft ritt als einsamer Held durch unsere Träume, ein mutiger Mann mit untrüglichem Sinn für Gerechtigkeit, der sein hartes, aber romantisches Leben auf keinen Fall gegen die Segnungen der Zivilisation eintauschen will. Der Besuch in der Stadt diente einem kurzen Besäufnis mit anschließender Schlägerei und einer harten Nacht auf der Pritsche des Sheriffs.

Das Rollenbild des *tough guy* wurde dabei immer wieder modifiziert, je nachdem, wie der Zeitgeist gerade wehte. Der schießwütige Westernheld voller Fehl und Tadel wurde indes nicht von den Amerikanern erfunden, sondern von den Italienern. Die Lebensweisheit »Wenn du auf einen schießt, muss er tot umfallen« entstammt den Italo-Western der Achtzigerjahre mit Filmen wie »Spiel mir das Lied vom Tod«. Henry Fonda und Clint Eastwood liefen in dieser Rolle zu großer (und böser) Form auf.

Während der Kuhhirte über lange Zeit genau wusste, was richtig und falsch war, kultivierte Kevin Costner später den zweifelnden und grübelnden Cowboy. Die Marlboro-Werbung entdeckte schließlich seinen weichen Kern und ließ ihn als Softie mit der Nuckelflasche ein Fohlen aufziehen. Inzwischen ist der Marlboro-Mann ein umweltfreundlicher Statist, der mit einem PS rücksichtsvoll beeindruckende Naturlandschaften durchstreift. Man ahnt förmlich, wie er nach dem Lagerfeuer seine Zigarettenpackungen einsammelt und das Aluminiumpapier der Getrenntverwertung übergibt. Und seit »Brokeback Mountain« ist die Cowboyfigur sogar mit dem Christopher-Street-Day kompatibel.

Doch es hat alles nichts genutzt. Wenn heute von Cowboymethoden die Rede ist, dann denkt der brave deutsche Bürger an nicht therapierbare Gewalttäter, die auf das Recht des Stärkeren pochen. Die Tatsache, dass → **George W. Bush** Gouverneur von Texas war, lässt diesen Landstrich mitsamt seiner Bevölkerung als schlimmste Bedrohung des Weltfriedens seit Dschingis Khan erscheinen. Es ging aber schon mit Ronald Reagan los, der sich gern in Cowboypose zeigte und in Berlin den zukunftsweisenden Satz sprach: »*Mister Gorbachev, tear down that wall.*« Die Deutschen können es Reagan bis heute nicht verzeihen, dass er mit seinen Pershings die Sowjetunion zugrunde rüstete, anstatt auf den beabsichtigten Wandel durch Annäherung zu warten. Auch George W. Bush war im Showdown mit dem Massenmörder Saddam Hussein der Meinung, dass es sinnvoll sei, zuerst zu schießen. Dies alles führte zum PR-Gau für den ehrwürdigen Berufsstand des amerikanischen Kuhhirten. Spenden wir ihm Trost mit Lucky Luke: »*It's hard to be a hard guy like me.*« max

D

Dalai Lama

Ideeller Gesamtgutmensch, der auf evangelischen Kirchentagen verehrt wird. Seine Heiligkeit gilt als Buddhas bester Mann und erleuchtet all jene, denen der Sinn des Lebens abhanden gekommen und der Papst zu sperrig ist. Er lächelt gern. Er sagt: »Kriege entstehen aus dem Scheitern, das Menschsein der anderen zu verstehen.« Und lächelt. Er sagt: »Ein großer Teil unseres Leids rührt daher, dass wir zu viel denken und dass wir nicht auf gesunde Art und Weise denken.« Und lächelt. Er sagt: »Ohne Menschen ginge es der Erde besser.« Und lächelt. Alle mögen den Dalai Lama, und der Dalai Lama mag alle. Alles in Buddha. mm

DDR-Identität

Charaktermaske für ewige Untertanen. Die DDR war der erste deutsche ➔ **Staat**, der so gut für seine Bürger sorgte, dass er jeden kostenlos mit einer Identität ausstattete. Da diese jede Menge Konservierungsstoffe enthielt, blieb sie bis heute intakt. Wer sich in der Vergangenheit auf eine Kaiserreich- oder eine NS-Staat-Identität berief, wurde bestenfalls als komischer Kauz betrachtet oder als Fall für den Verfassungsschutz. DDR-Identität dagegen wird mit Stolz vorgezeigt, wie ein Schweizer Pass. Wer sie in Anspruch nimmt, erhält umgehend ➔ **Verständnis** und Betreuung. Etwa so: »Muss echt hart gewesen sein, als die F6-Tabakmischung von diesen Besserwessis umgemodelt wurde.« – »Es war so furchtbar, dass ich vor Verzweiflung beinahe das Rauchen angefangen hätte. Meine gesamte DDR-Identität wurde dadurch in Frage gestellt.«

Wird die angezweifelt, verschränken alle Bürgermeister zwischen Thüringer Wald und Stettiner Haff die Arme und sind beleidigt. Dabei gäbe es ein paar Fragen zum Thema DDR-Identität. Zum Beispiel, warum die größte Finanzhilfe, die je irgendeiner Region zugutekam, nicht zu mehr Wachstum führte – während in den ehemaligen Bruderstaaten der DDR die Marktwirtschaft dynamisch wächst. Warum wurden aus den Unterdrückern von gestern die Volkstribune von heute? Bei der Wahl 2005 wurde die in »Linkspartei« umbenannte SED stärkste politische Kraft im Osten. Man stelle sich vor, 16 Jahre nach 1945 hätte eine NSDAP-Nachfolgepartei die meisten Stimmen in Westdeutschland für sich gewonnen. Ebenso aufklärungsbedürftig ist der Hass auf Einwanderer, Dunkelhäutige und ➔ **Juden**, der dort am heftigsten lodert, wo kaum jemand aus diesen Gruppen lebt.

Eine Antwort liefert der polnischen Politologe Jerzy Macków: »Es ist eine beispiellose Abfederung des Vereinigungsprozesses, die es den Ostdeutschen erlaubt, in sowjetischer Mentalität zu verharren.« mm

DDT

Die drei Buchstaben stehen für »Dichlordiphenyltrichlorethan«. Für den Menschen relativ ungefährliches, für die Malariamücke aber tödliches Gift. Inzwischen ist das Insektizid zu einem Synonym für die seit etwa 30 Jahren grassierende Chemophobie geworden.

Dass ein Pflanzenschutzmittel für die Menschheit irgendetwas Gutes bewirken könnte, fehlt im gedanklichen Repertoire der Verbraucher in den reichen Ländern. Abstrakte Gebote wie »chemiefrei« verstellen inzwischen den Blick auf die realen Lebensrisiken. Doch fordert die falsche Risikowahrnehmung inzwischen sehr viele Menschenleben. Weltweit stirbt alle 30 Sekunden ein Mensch an Malaria. Mitverantwortung dafür tragen Ökoeliten, welche die Ächtung des Spritzmittels DDT durchgesetzt haben, durch dessen Einsatz die Zahl der Erkrankungen vielerorts drastisch reduziert werden konnte. Seitdem explodiert die Infektionsrate wieder.

Für die Malariabekämpfung gab und gibt es (im Gegensatz zur Landwirtschaft) keine preiswerte und ebenso wirksame Alternative. Dennoch wurden von ➔ **Entwicklungshilfe** abhängige Länder genötigt, auch dort auf DDT zu verzichten, wo es ausschließlich gegen die Malaria übertragenden Mücken eingesetzt wurde, selbst in Hütten und Wohnungen. Trotz 60 Jahren Erfahrung mit dem Insektengift konnten (bei sachgerechter Handhabung) keine Gesundheitsschäden an Menschen festgestellt werden.

Es ist dem ➔ **Widerstand** von Medizinern und einsichtigen Entwicklungshelfern zu verdanken, dass der Stoff wenigstens in Ausnahmefällen wieder zur Malariabekämpfung eingesetzt werden darf. Allein in Uganda sterben alljährlich 120 000 Kinder an Malaria. Dennoch versuchte die EU, Uganda von einem erneuten Gebrauch des Pestizids abzubringen. Lediglich eine Ausnahme wird nach Aussage von ugandischen Medizinern gestattet: Europäische und amerikanische Airlines versprühen DDT in ihren Flugzeugen, damit die ➔ **Touristen** vor den Stichen der Malariamücken geschützt werden. max

Demut

Früher die Selbstbescheidung des Menschen gegenüber Gott. Heute soll Demut vor allem gegenüber der ➔ **Natur** geübt werden. Als der Tsunami die Strände Asiens verwüstete, verlangten Kirchenmänner und Gutmeinende prompt »wieder mehr Demut gegenüber der Natur«. Bedauerlicherweise bleibt die Natur davon vollkommen unbeeindruckt.
Die Menschheit verdankt ihr Überleben auf diesem Planeten nicht der Demut gegenüber der Natur, sondern dem zähen Stellungskampf gegen die bösen Überraschungen, die sie für uns parat hält. Der Mensch sollte die Natur nicht ausplündern oder zerstören, aber es bleibt ihm gar nichts anderes übrig, als sie einzuhegen und ihre Gefahren zu bändigen. max

Delfine

Wappentiere des Zeitgeistes. Ihnen werden überragende Intelligenz, Friedfertigkeit und übersinnliche Kräfte zugeschrieben. Die alten Germanen verehrten den gemütlichen

Bären. Im frommen Geistesleben des Mittelalters suchte man nach dem weltentrückten Einhorn. Und die Nazis bewunderten Adler mit ihrem strengen Blick und scharfen Schnabel. Nachdem die Adler in Asche lagen, wurde der Dackel zum heimlichen Wappentier deutscher Gemütlichkeit. Ein paar Jahre später fanden die Kinder Vatis kurzbeinigen Liebling spießig. Und so ging die rebellierende Jugend den subtilen Einflüssen des US-Kulturimperialismus auf den Leim. Flipper, der nette Meeressäuger aus Florida, war stets gut gelaunt und immer auf der Seite des Guten. Außerdem war er aufregend exotisch, trug ein cooles Kiffergrinsen auf den Lippen und lebte in einer Welt ganzjährigen Urlaubs. Hernach fütterten Greenpeace-Helden und Esoterikgurus ihre Gemeinden mit allerlei Gesinnungskitsch, den sie Delfinen andichteten. »Der Geist aus den Wassern« hieß die Delfinbibel des Wassermannzeitalters.

Doch die Fortschritte der Delfinforschung zerstören das erhabene Bild. Die marinen Geistesgrößen, behaupten Wissenschaftler, besitzen nicht mehr Verstand als Nachbars Lumpi. Für Denkaufgaben, die ein ordinärer Seelöwe in Minuten löst, benötigen sie Wochen und Monate. Und mit dem friedlichen Charakter ist es auch nicht weit her. Delfine wurden dabei beobachtet, wie sie kleinere Meeressäuger quälten und töteten. Sogar als Kindsmörder ertappte man die Dauerlächler. Männliche → **Tiere** bringen den Nachwuchs unliebsamer Konkurrenten um. Forscherinnen beobachteten in einer westaustralischen Bucht brutale Gruppenvergewaltigungen unter Delfinen. Flipper hat uns arglistig getäuscht. mm

Dialog
Folgenloser Austausch bekannter Positionen. jj

Dialog der Kulturen (1)
Wenn die eine Seite ➔ **Respekt** predigt und die andere Botschaften anzündet. jj

Dialog der Kulturen (2)
Relativ neuer Begriff, der an die Stelle der alten »Völkerfreundschaft« getreten ist. Wird meistens von Menschen propagiert, die ihren Urlaub dazu nutzen, die Sitten und Gebräuche fremder Menschen kennenzulernen, die sie daheim nicht als Nachbarn haben möchten. Beim **DdK** kommt es darauf an, sich »auf gleicher Augenhöhe« zu begegnen, einander zu verstehen und voneinander zu lernen. Deswegen gehen Europäer gerne in die Knie, wenn sie edlen Wilden begegnen, die ihre Videokameras dazu nutzen, Kopfamputationen aufzuzeichnen, um sie ins Internet zu stellen. Der **DdK** funktioniert optimal, wenn ➔ **Günter Grass** dazu aufruft, eine Kirche als Geste guten Willens in eine Moschee zu verwandeln, während in muslimischen Ländern der Übertritt zum Christentum mit dem Tode bestraft wird. Oder wenn Antje Vollmer bei einer Reise nach Saudi-Arabien freiwillig ein Kopftuch trägt. hb

Die alten Antworten genügen nicht mehr

Lieblingsüberschrift über publizistischen Gastbeiträgen, die von den Generalsekretären der großen politischen Parteien verfasst werden. Es folgen in der Regel Ausführungen zu »programmatischen Erneuerungsprozessen«. Dazu gehört beispielsweise die Fragestellung, »wie die Voraussetzungen sozialer Demokratie unter den veränderten Bedingungen des 21. Jahrhunderts so erneuert werden können, dass Freiheit, Gerechtigkeit und Solidarität für die Menschen ganz praktisch im Alltag erfahrbar werden« (Hubertus Heil, SPD). Die Konkurrenz sieht das ähnlich: »Leistungsgerechtigkeit, Chancengerechtigkeit, Familiengerechtigkeit und Generationengerechtigkeit. Es gibt neben dem sozialen Ausgleich viel mehr Felder, auf denen Politik ein neues Maß an Gerechtigkeit schaffen muss« (Roland Pofalla, CDU). In dieser Art wird dann »die Idee des sozialen Fortschritts unter umfassend veränderten Bedingungen« ausbuchstabiert (Hubertus Heil), auf dass der »Markenkern der CDU erhalten bleibt« (Roland Pofalla). max

Die Deutschen sterben aus

Früher völkische Parole, heute rentenpolitische Katastrophe. Im Zentralorgan der gebildeten Schichten, der *Bild*-Zeitung, liest sich das so (2006): »2100 wird die Zahl der Deutschen auf 46 Mio. geschrumpft sein, 2300 liegen wir bei 3 Mio., also kurz vor dem Aussterben.« Laut einer UN-Studie wird Deutschland etwas langsamer schrumpften – auf 78 Millionen (heute: 80) im Jahr 2050. (Der Verband der Rentenversicherer meint: 70 Millionen.)

Dazu ein paar Vergleichszahlen: Als 1871 das Zweite Reich (anderthalbmal so groß wie die heutige Bundesrepublik) gegründet wurde, lebten dort 41 Millionen Deutsche. Als es 1890 zur stärksten Macht Europas avancierte, waren es 50 Millionen. Als das »Dritte Reich« 1942 fast ganz Europa kassiert hatte, waren es 70 Millionen – immer noch zwölf Millionen weniger als heute.

Das deutsche Volk ist also eine höchst variable Größe, und Stärke hängt nicht allein von der Bevölkerungszahl ab – heute weniger denn je. Denn Wirtschaftskraft kommt nicht mehr von Abermillionen Blaumännern und von arbeitsintensiver Landwirtschaft. Das Zauberwort heißt »Wertschöpfung«, die von Kapital-, Grips- und Technologieeinsatz kommt. Auch die Renten hängen nicht allein von schierer → **Masse** ab. Wird das De-facto-Rentenalter (heute 60) auf das gesetzliche (65) angehoben, wird das »Loch« schon mal kleiner. Wird es im Zuge steigender Lebenserwartung (und fallender Knochenarbeit) auf 70 angehoben, wird es noch kleiner. Reformieren wir den Arbeitsmarkt, wo Deutschland wegen Schwarzarbeit und fehlender Jobs eine der geringsten Erwerbsquoten im Westen aufweist (das ist der Anteil der arbeitenden an der Gesamtbevölkerung), dann wird die Rentenkasse geradezu übersprudeln – trotz langsamen Bevölkerungsschwunds. jj

Diskurs

Früher: Gespräch, Räsonieren oder Über-etwas-Nachdenken (wie in Descartes' *Diskurs über die Methode* oder Machiavellis *Discorsi* über die ersten zehn Bücher des Livius).

Heute: postmodernes Füllwort, das Instantgelehrsamkeit suggeriert. Schließen Sie ganz fest die Augen und fragen Sie sich, was »Gewaltdiskurs« ist. Diskutiert da die ➔ **Gewalt** mit sich selbst? Spricht die Gewalt mit jemandem oder denkt sie gar nach? jj

Diskussion, ergebnisoffene

Versprechen, mit dem es Kannibalen immer wieder gelingt, Vegetarier an ihren Tisch zu locken. Der Trick funktioniert auch zwischen Männern und Frauen, Deutschen und ➔ **Juden**, Eltern und Kindern. Historisches Vorbild der ergebnisoffenen Diskussion sind die Verhöre zur Zeit der Inquisition. hb

Dollar

Währung der Vereinigten Staaten von Amerika und deshalb auch Symbol für die Macht des Geldes. Das Auftauchen des Dollars gilt als untrügliches Zeichen für den geistig-moralischen ➔ **Verfall** einer Gesellschaft. Noch schlimmer als der gemeine Dollar ist der Öl- oder Petrodollar, an dessen Rändern Blut klebt (➔ **Blut für Öl**). Schmiergelder und Kopfgelder werden grundsätzlich in Dollar gezahlt, während Aufbauhilfe und Armenspeisungen in Euro beglichen werden. max

Dosen

Behälter von moralischem Minderwert. Sie enthalten Coca-Cola für von Fettsucht und Diabetes bedrohte Jugendliche, Bier für grölende und müllende Prolls, Ravioli für kulinarische Analphabeten. Dosen sind aus Weißblech oder Aluminium und der Inbegriff der Wegwerfgesellschaft. Gemeinerweise könnte man einwenden, dass sie sich billig herstellen, gut transportieren und auch prima recyceln lassen, auch, dass sie viel Energie sparen, weil ihr Inhalt ohne Kühlung frisch bleibt. Sie befördern das Ende der Wegwerfgesellschaft, weil nicht mehr so viele Lebensmittel verderben und in den Müll wandern. Man könnte ferner darauf hinweisen, dass Nahrung aus Dosen schon unzählige Menschen in Not gerettet hat. Man könnte also vieles zur Ehrenrettung der Dose sagen, sie verdient eigentlich ein Denkmal als eine der großen Erfindungen zum Wohle der Menschheit. Trotzdem lehnen wir Dosenfutter ab, außer für Hund und Katz. max

Dritte Welt

Mythenreich auf dem Gesinnungsglobus. Eigentlich müsste die »Dritte Welt« seit 1990 eine Stelle aufgerückt sein, weil damals die »Zweite Welt« zu Grabe getragen wurde. Die dritte Welt kam einst zu ihrem Namen, weil sie nicht zur ersten (den reichen kapitalistischen Industrieländern) und nicht zur zweiten (dem Ostblock) gehörte. Ostblock weg und immer noch auf Platz drei: Die Weltgeschichte wandelt sich schneller als die Sprache.

Im deutschen Sprachgebrauch ist »Dritte Welt« zum moralischen Zuckerguss geworden. Wenn ein Schlagersänger tiefschürfend wird, kündet er vom Elend der Dritten Welt. Stets sollte dabei die Mutmaßung mitschwingen, dass die Bewohner der Dritten Welt in → **Armut** leben, weil wir im Wohlstand schwelgen. Genau festlegen sollte man sich aber nicht, da diese Behauptung von den Ökonomen aller Schulen schon vor Jahrzehnten gründlich widerlegt wurde. Irgendwie ist es doch nicht in Ordnung, dass die nicht genug Hirse haben und wir Diätkuren in Wellnesshotels absolvieren. Schuld daran sind die üblichen Verdächtigen: der → **Kapitalismus**, der westliche Lebensstil und die → **Amerikaner**. Um das Elend zu beenden, kann man → **Che**-Guevara-Poster aufhängen, im Dritte-Welt-Laden Kaffee kaufen, Konferenzen und Seminare veranstalten. Wenn man das lange genug durchhält, kommt auch Afrika zu Wohlstand. mm

Drohung mit Sanktionen
Beliebter Begriff aus der EU-Diplomatie, der eine Bitte um weitere Gespräche enthält. mm

E

Elite

Jahrzehntelang verpönt als verkappter Begriff für eine hierarchisch geordnete Gesellschaft, die der Feind der Gleichheit ist. Eine gesellschaftliche Elite wird nur in den Illustrierten akzeptiert, dort aber nicht als stilbildendes Subjekt, sondern als Objekt der Klatschsucht. Die Boulevardzeitungen nutzen die Gruppe jener, die 15 Minuten lang berühmt sind, zum Zweck der Selbstbestätigung ihrer Leser: Die Abgebildeten sind so geldgierig, wollüstig, untreu und heuchlerisch wie – oder schlimmer als – wir alle (die wir wenigstens nicht so tun, als seien wir besser).

Neuerdings erlebt »Elite« ein kleines Comeback, wie in »Eliteuniversität«. Die sollen aber nicht wachsen wie Oxford und Stanford, also durch rigorose Auswahl und Leistungskontrolle, sondern im warmen Strahl staatlicher Zuwendung. Dass Elite von »Auswählen« kommt, wird dabei in einer Gesellschaft vergessen, die Chancen- mit Ergebnisgleichheit verwechselt, die perverserweise Zehnjährige gnadenlos fürs Gymnasium aussortiert, aber den Zugang zur

→ **Universität** so weit offen lässt wie den zur Love Parade. Das System der vorgegaukelten Gleichheit ist umso bizarrer, als nirgendwo in der westlichen Welt die Herkunft die Zukunft so präzise bestimmt wie in Deutschland. Ausnahmen: Sport und E-Musik, wo rigoros ausgesiebt wird. Deshalb sind deutsche Teams, Solisten und Orchester Weltklasse. jj

Ellenbogengesellschaft
Ein Begriff, der sich in wandelnder Gestalt durch die deutsche Geschichte zieht. Früher war es der Eigennutz, der sich dem Volkswohl unterzuordnen hatte. Etwas später, unter Kanzler Ludwig Erhard, war es die »formierte Gesellschaft«, die dem natürlichen Gewinnstreben des Einzelnen (das die Wohlfahrt aller mehrt) Einhalt gebieten sollte. Was aber das Volkswohl ist, bestimmt nicht das Volk mit seinen vielfältigen Interessen, sondern wer gerade die Deutungshoheit hat – Partei, Regime oder schwatzende Klasse. jj

Energiewende
Zuverlässiger Weg in die Dunkelheit. In der Praxis sieht die Energiewende beispielsweise so aus: Immer öfter hängen in deutschen Betrieben und Haushalten zwei Stromzähler an der Wand. Der eine zählt die Kilowattstunden, die von Solarzellen auf dem Dach ins Netz eingespeist werden. Erlös: über 40 Cent pro Kilowattstunde. Der zweite Zähler misst den vom Energieversorger zurückkommenden Strom. Preis: um die 15 Cent. Nach dem gleichen System gaben die Bauern in

der DDR teuer ihre Eier an den ➔ **Staat** ab, um sie dann billig im HO zurückzukaufen.
Zwischen den beiden Zählern haben die Deutschen eine Geldverbrennungsmaschine namens Erneuerbare-Energien-Gesetz (EEG) installiert. Das setzt die Gesetze der Ökonomie und der Physik außer Kraft. Von allen Möglichkeiten, Energie und Kohlendioxid einzusparen, werden jene am heftigsten gefördert, die am teuersten sind. Die deutschen Verbraucher spendieren dafür jährlich mehrere Milliarden Euro. Das schmälert ihre Kaufkraft. Und kostet nach einer Studie der Universität Bremen mehr Arbeitsplätze, als mit Solarzellen oder Windrädern geschaffen werden. Eine Windkraftanlage vernichtet laut der Untersuchung über 20 Jahre per saldo acht Arbeitsplätze. Die Deutschen haben inzwischen über 15 000 solcher Anlagen. max

Entwicklungshilfe
Betäubungsmittel gegen Eigeninitiative. Ein afrikanischer Staatschef empfängt den Potentaten des Nachbarlandes. Fragt dieser: »Wie hast du eigentlich diesen Palast, den Park und die Autos finanziert?« Der Gastgeber führt ihn an die Panoramafensterfront und deutet auf die große Brücke über den Fluss: »20 Prozent der Baukosten gingen an mich.« Beim Gegenbesuch sitzt man wieder nach dem Essen zusammen. »Und du?«, kommt die Gegenfrage. Gemeinsam gehen sie auf die Terrasse und blicken in die Ferne. »Schau dir die Brücke an.« »Aber da ist keine Brücke.« »Siehst du, 100 Prozent für mich.«
Das war nur ein Witz. Aber fast alle, die längere Zeit in Län-

dern der ➔ **Dritten Welt** gearbeitet haben, teilen ein kleines schmutziges Geheimnis: Entwicklungshilfe nützt nichts. Durch Entwicklungshilfe schaffte kein Land jemals den Aufstieg. Dort, wo der Wohlstand einkehrte, ob in Hongkong oder Chile, spielte Entwicklungshilfe keine oder bestenfalls eine Nebenrolle. »Jenen Ländern, welche die meiste Entwicklungshilfe kassiert haben, geht es am schlechtesten«, sagt der kenianische Ökonom James Shikwati. »Wenn die Industrienationen den Afrikanern wirklich helfen wollen, sollten sie endlich diese furchtbare Hilfe streichen.« Mit Entwicklungshilfe wurden Silos errichtet, in denen das Getreide verschimmelt (Wer konnte auch wissen, dass es in den Tropen so feucht ist?), Bahnhöfe in menschenleere Dschungel gebaut und anmutige Solarkocher konstruiert, auf denen kein Essen gar wird.

Der Staatshaushalt Ruandas speiste sich Anfang des 21. Jahrhunderts zu 70 Prozent aus Entwicklungshilfe. Das machte es der ruandischen Regierung möglich, die restlichen 30 Prozent fürs Militär auszugeben und in Nachbarländern zu zündeln. Nigeria, Kongo und Angola sind reichlich mit Bodenschätzen gesegnet, doch die Bevölkerung ist bettelarm. Als die Briten im Jahr 2000 die Entwicklungshilfe für Malawi um 37 Millionen ➔ **Dollar** erhöhten, um den Menschen zu helfen, von denen zwei Drittel mit weniger als einem Dollar täglich auskommen müssen, kaufte die Regierung zunächst einmal 39 S-Klasse-Mercedes. »Alle Hilfe verschleiert nur die Inkompetenz unserer Despoten«, sagt der ugandische Journalist Andrew Mwenda. Doch die simple Erkenntnis, dass die ➔ **Armut** eines Landes möglicherweise etwas mit seiner Regierung zu tun haben könnte, ist in Entwicklungshilfekreisen nur vereinzelt angekommen.

Die Diskussionen werden gern auf erhöhten Podien und im gepflegten Ambiente von Stiftungen oder Akademien geführt, wo die vorgetragenen Argumente ähnlich weit von der Lebenswirklichkeit armer Länder entfernt sind wie die komfortablen Räumlichkeiten. Alle bemühen sich, den entwicklungspolitischen Zeitgeist mit den coolsten Trendvokabeln aufzupolieren: Angepasste Technologie, Hilfe zur Selbsthilfe, ➔ **Gender-Mainstreaming**, ➔ **Nachhaltigkeit**, Konfliktprävention, Good Governance.

Aber seien wir nicht ungerecht, vielen Menschen in armen Regionen wird durch Entwicklungshilfe tatsächlich geholfen: Bürokraten, Politikern, Bankern, Beratern, Projektentwicklern, Kontaktvermittlern, nicht zu vergessen die zahlreichen Experten aus Europa und Nordamerika. »Die Hilfsindustrie setzt im Jahr 60 Milliarden Dollar um«, sagt Andrew Mwenda. »Zigtausende Europäer und Afrikaner werden davon bezahlt. Die sind alle daran interessiert, dass das extravagante und verrückte System bestehen bleibt.« mm

Ethik

Reservierter VIP-Bereich für Moraltheologen, Sozialtherapeuten, Globalisierungskritiker und Pazifisten. Besonders gern werden »Ethiker« gegen »Wirtschaftsvertreter« in Position gebracht. Wenn beispielsweise über Stammzellen oder Tierversuche gestritten wird, melden sich in anderen Ländern kranke Menschen zu Wort. Sie erklären, warum Medikamente auch am Tier getestet werden sollten, und welche Hoffnungen sie auf neue biotechnologische Verfahren setzen. In der deutschen Öffentlichkeit bekundet nur ein Häuflein Forscher und Unternehmer Interesse am wissenschaftlichen Forschritt. Doch wird »Kranke heilen« aus dem Mund eines Arzneiherstellers oder Forschers als »Pharmaprofite hochtreiben« dechiffriert. Ethik und ➔ **Profit** sind demnach Gegensätze. Die Frage, wovon Forschung finanziert werden soll, ist deshalb auszublenden. max

Europäischer Geist

Schwebt über Festveranstaltungen und gehobenen Diskussionsrunden. Wie es sich für einen Geist gehört, weiß niemand, wie er aussieht. Er definiert sich bestenfalls ex negativo, etwa in der Formulierung »wir wollen keine amerikanischen Verhältnisse«. max

Extremwetter-Ereignis

Frühjahr, Sommer, Herbst, Winter, Trockenheit, Hochwasser, Niedrigwasser, Sturm, Flaute, Gewitter, Regen, Schnee, Hagel, Graupel, Niesel, Nebel, Tag, Nacht. max

F

Familie

Eben noch kleinbürgerlich, repressiv und Quelle allen Übels, von fast allen Literaten und Revolutionären verspottet, erlebt sie derzeit ein Comeback zugleich mit der guten alten Raufasertapete, dem Eisbein und dem Waffeleisen. Nicht nur Homosexuelle gründen Familien, auch *Bild*, *FAZ*-Feuilleton und Fernsehen reaktivieren »die Keimzelle der Gesellschaft« als Fundament der sozialen Ordnung. Derweil geht die Geburtenrate trotz vielfältiger Fördermaßnahmen weiter zurück. Was einen weiteren → **Paradigmenwechsel** andeutet. Wer heiratet, will sein Glück in Ruhe genießen. Kinder würden nur stören. hb

Frankreich

Charmante Heimat von knapp 1000 Käsesorten und der Vorstellung einer immerwährenden kulturellen Überlegenheit gegenüber dem Rest der Welt. max

Freundschaft, tiefe

Bestandteil der deutschen Seele. So tiefe Freundschaften wie in Deutschland gibt es nirgendwo auf der Welt. Nicht bei den ewig lächelnden Asiaten, den falsch-freundlichen Levantinern und schon gar nicht bei den oberflächlichen Amerikanern. Dafür dürfen wir ruhig unfreundlich und grob zu Fremden sein, und zu unseren Landsleuten sowieso. Denn wenn wir Freundschaft schließen, dann ist sie tief und echt. Und die ➔ **Touristen** und Einwanderer, die behaupten, sie würden hierzulande ein Lächeln, freundliche Ansprache und spontane Hilfsbereitschaft vermissen, sollen sich nicht so haben. Das ist doch rein äußerlich. mm

Frieden

Immer und unter allen Umständen wichtiger als alles andere. Frieden ist die Lösung, dies zeigt die folgende wahre Geschichte: Ein Mann geht die Straße entlang, da erscheint vor ihm ein Räuber mit einem dicken Knüppel. Wenn ich jetzt »Polizei!« rufe, denkt der Mann, setzte ich eine ➔ **Spirale der Gewalt** in Gang. Und wer weiß, vielleicht hat der Räuber ja auch einen guten Grund, mich zu bedrohen? Habe ich mich je um das Wohlergehen der Räuberzunft gekümmert? Bin ich nicht viel besser gekleidet als er? Kein Wunder, dass er mich erschlagen will. Wenn ich jetzt »Polizei!« rufe, macht ihn das vielleicht noch wütender und er schlägt noch fester zu. Also ruft der Mann: »Frieden!« Da legt der Räuber den Knüppel beiseite und wird ganz nachdenklich. Er bittet den Mann an den runden Tisch in seiner Räuberhöhle, und beide diskutieren die ganze Nacht über gewaltfreie Kommunikation. mm

Friedensmacht
Gemeinwesen, dem im Angesicht einer Kalaschnikow die überzeugenden Argumente ausgehen. max

Frontalunterricht
Wenn einer spricht und die anderen zuhören. Der Frontalunterricht kam in Deutschland als unsensibel aus der Mode, da er den Wissensvorsprung des Lehrpersonals symbolisiert und so gegen den Gleichheitsgrundsatz verstößt sowie die Schüler entmutigen könnte. Besser, wenn alle sprechen und keiner mehr zuhört. Das gleiche Prinzip liegt Talkshows, Parlamentsdebatten und der betrieblichen Mitbestimmung zugrunde. max

Fünf vor zwölf
Beliebteste Uhrzeit aller, die ihre Augen nicht vor dem Abgrund verschließen. Spätestens seit der Club of Rome 1974 die »Grenzen des Wachstums« ankündigte, ist es kurz vor dem Untergang. Da uns nun seit mehr als drei Jahrzehnten nur ein paar Minütchen vom Weltuntergang trennen, bemerkte unlängst ein kluger Zeitgenosse: »Vielleicht ist es auch nur zwölf vor fünf.« max

G

Ganzheitlich

Beliebte Vokabel für die Flucht ins große Ganze. Sie haben Kopfschmerzen? Suchen Sie die Ursache in der Kälte der westlichen Zivilisation. Ganzheitlich betrachtet erfordern Zipperlein, Eheprobleme oder Arbeitslosigkeit stets eine völlige Umstellung des Lebenswandels, tiefe innere Reflektion und ein runderneuertes Gesellschaftssystem. max

Gefühlt

Beweisführung unter Verzicht auf Nachweise. Jeder kennt aus dem Wetterbericht die »gefühlte Temperatur«. Ein starker Wind lässt sie kälter erscheinen, als sie tatsächlich ist. Die »gefühlte Temperatur« ist somit keine objektive, sondern eine subjektive Angelegenheit. Solche Sachverhalte entziehen sich der Nachprüfbarkeit und dürfen deshalb unwidersprochen behauptet werden. In den Talkshows der Nation ist deshalb so häufig von »gefühlten« Umständen die Rede. Reichen die amtlichen Zahlen für den Nachweis sozialer Kälte nicht aus, dann wird daraus die »gefühlte → **soziale Kälte**«. Auch die »gefühlte Bedrohung« durch Kriminalität oder Chemikalien ersetzt das lästige Studieren von Statistiken oder empirischen Daten; die »gefühlte Diskriminierung« kommt ebenfalls ganz ohne Beweise aus. Wenn die jeweilige Gesetzeslage keinen Schuldspruch zulässt, dann tritt das »gefühlte Unrecht« an die Stelle kleinlicher Paragrafen – und reicht zumindest in den Boulevardblättern für die glasklare Verurteilung des Bösewichts. 2005 wurde der »gefühlte eindeutige Wille des Volkes« zu Neuwahlen von allen Parteien verspürt. Wozu also eine Verfassung mit Paragrafen und Artikeln? Eine »gefühlte Verfassung« wäre viel praktischer. Überhaupt: Warum noch wählen, wenn im Volk doch ein »gefühlter eindeutiger Wille« vorhanden ist? Das Ganze ergibt dann ein »gefühltes Parlament«. max

Geheimtipp

Falsche Empfehlung von aufdringlichen Leuten. mm

Geiseln, deutsche

Diese neigen dazu, sich nach ihrer Befreiung bei den Geiselnehmern dafür zu bedanken, dass sie »anständig behandelt« worden sind – von der Entführung an sich einmal abgesehen. So haben auch die beiden Leipziger René Bräunlich und Thomas Nitzschke nach ihrer 99-tägigen Gefangenschaft im Jahr 2006 nur Gutes über ihre Entführer zu sagen gehabt: »So richtig gedroht haben die nicht. Es war nur so unmissverständlich, dass sie uns mitgenommen haben.« Weiter:

»Die haben alle mit großem Engagement fünf Mal am Tag gebetet, ihre religiösen Pflichten erfüllt … Aber fanatisch waren die nicht. Die haben signalisiert: Wir akzeptieren auch andere.«
»Das waren Leute, die für ihr Land kämpfen wollten. Ob das mehr in die kriminelle oder in die religiöse Richtung ging, will ich jetzt nicht beurteilen. Wir hatten das Gefühl, das waren sehr einfache Menschen.« Was auch für manche Geisel gilt, die am Ende ihres Abenteuerurlaubs nicht mehr beurteilen kann, ob sie entführt oder nur lobotomiert wurde. hb

Geiz-ist-geil-Mentalität
Niedrige Preise als neue Geißel der Menschheit. Der Werbeslogan »Geiz ist geil« stammt ursprünglich von einer Großmarktkette für technische Geräte, die damit auf ihre preiswerten Produkte aufmerksam machen wollte. Da gehen jetzt alle hin und verdammen den eigenen Trieb als Geiz-ist-geil-Mentalität. Politiker, Gewerkschafter und Seelsorger setzen niedrige Preise für Konsumgüter mit kulturellem und sozialem → **Verfall** gleich. Doch was ist an einer Dose Ananas für 59 Cent oder einen Walkmann für 19,99 Euro verwerflich? Geht's der Gesellschaft besser, wenn die Preise verdoppelt werden? Günstige Angebote sind Bestandteil eines Systems, das den Lebensstandard der → **Massen** hebt. Das Ganze nennt man Marktwirtschaft, die gemeint ist, wenn die GIgM gegeißelt wird. max

Gender
Ein englischer Begriff, der früher »Sex« hieß und mehr Spaß machte. Der Verein »Frauen im Forstbereich« beschäftigt sich unter anderem mit der »Geschlechterdimension von Natur- und Tätigkeitsverständnissen bei Akteuren/innen der Waldnutzung und des Waldschutzes«. Ein Forschungsprojekt zu diesem wichtigen Thema soll dazu beitragen, bestehende Reflexionsblockaden im Umgang mit Natur und Geschlecht aufzubrechen. Dafür wurden in einem auf zwei Jahre angelegten Sondierungsprojekt insgesamt 22 Frauen und Männer interviewt.
Auf der Website des Vereins erfährt frau Folgendes über die ungelöste Gender-Problematik im ➔ **Wald**: »Bisher wurde angenommen, dass Waldforschung wert- und geschlechtsneutral sei. Dass dies nicht so ist, belegt die soziologische Studie im Rahmen der Geschlechterforschung. Für eine ➔ **zukunftsfähige** wie auch nachhaltige Gestaltung der Handlungsfelder im Wald, so die Ausgangsthese, kommt es darauf an, bisher nicht reflektierte Aspekte ins Bewusstsein zu bringen und ihre Bedeutung für die professionelle Handlungsfähigkeit sichtbar zu machen. Dies gilt sowohl für die Thematisierung der Geschlechterverhältnisse als auch für die Reflexion des Naturverständnisses in den forstlichen und waldpolitischen Kontexten. Ziel ist es, die geschlechterabhängigen Bewertungsmuster von Tätigkeiten und ihre Wirkung auf den Umgang mit Natur in diesen Handlungsfeldern zu verdeutlichen und Wissen über Handlungsweisen im forstlichen Feld zu sammeln, das dazu beiträgt, bestehende Reflexionsblockaden im Umgang mit Natur und Geschlecht aufzubrechen.«

Nach dieser einleitenden Überlegung, die knapper und eleganter nicht ausfallen könnte, wird das Ergebnis der Befragung von 22 Forstfrauen und -männern vorgestellt: »Das Ergebnis der qualitativen soziologischen Untersuchung belegt wissenschaftlich, was bisher nur vermutet wurde: Scheinbar neutrale Begriffe wie Wald, Jagd oder Waldpädagogik zeigen auf den zweiten Blick eine tiefere Symbolik (Wald = Natur, Wald = Männerdomäne) oder sind geschlechtlich belegt (Jagd = Männer, Waldpädagogik = Frauen). Die Belegung der Begriffe wirkt sich auch auf die Struktur in der Arbeitswelt aus …«

Natürlich versteckt sich hinter den Hecken im dunklen Forst eine ganz üble Machokultur. Frau denke nur daran, wie *der* Hirsch röhrt und *der* Wald schweigt. Anderseits macht es nachdenklich, dass es *die* Eiche ist, an der sich *die* Wildsau reibt. Aber Forst beiseite: Wer wissen will, wozu Gender-Forschung und ➔ **Gender-Mainstreaming** gut ist, behalte im Auge, dass die hier zitierte Prosa nicht allein von feministischen Lodentruppen verzapft wird. Ähnliche Projekte werden allerorten an Universitäten, in Ämtern und sonstigen Institutionen mit öffentlichen Geldern gefördert. Bis der letzte Waldkauz sein durchgekautes Gender-Bewusstsein als Gewölle hervorwürgt, äh, die Waldkäuzin. mm

Gender-Mainstreaming

Neudeutsch für: Es gibt keine Unterschiede zwischen Männlein und Weiblein, nur gesellschaftliche Zuweisungen, die patriarchalische Machtinteressen widerspiegeln. In einer Handreichung gibt die Friedrich-Ebert-Stiftung der SPD diese sprachlich korrekte Anweisung: »Es heißt nicht mehr: Frauen haben aufgrund ihres Geschlechts spezifische Interessen, sondern: Spezifische Interessen der Frauen sind Reflexe auf Lebensbedingungen, die Frauen qua Geschlecht zugewiesen werden.« Der Realitätsgehalt dieser Theorie lässt sich sehr schön im Kinderzimmer überprüfen, wo kleine Jungen die Barbies in Handfeuerwaffen umwidmen und kleine Mädchen zwei verschieden große Plastik-Lkws in »Mammi-Truck und Baby-Truck« umbenennen. Das muss den Bälgern noch ausgetrieben werden. jj

Generalverdacht

Richtet sich immer gegen eine Gruppe, die sich dagegen wehrt, als Gruppe wahrgenommen zu werden, obwohl sie als Gruppe auftritt. Beim Karikaturenstreit 2006 zum Beispiel waren 1,5 Milliarden Muslime, von denen die meisten nicht einmal wissen, ob Dänemark ein Land oder eine Käsesorte ist, kollektiv beleidigt, während deren Sprecher (wie auch die kulturell Sensiblen bei uns) nicht müde wurden zu behaupten, dass es »den ➔ **Islam**« nicht gebe und man deshalb »genau differenzieren« müsse. Hält man dem entgegen, dass gewiss nicht alle Muslime Terroristen sind, aber alle Terroristen der letzten Zeit Muslime waren, hat man schon einen Generalverdacht geäußert und alle Muslime diskriminiert. Beim dritten Mal gibt es die rote Karte und man wird in ein Al-Kaida-Lager geschickt, um dort das Differenzieren zu lernen. hb

Gerechtigkeitslücke

Fachvokabel für Ansprüche von Interessengruppen. Gerechtigkeitslücken entstehen überall dort, wo es dem Gesetzgeber nicht gelingt, allen von einem Gesetz oder einer Verordnung betroffenen Interessengruppen mehr Geld zuzuschanzen. Hat eine Lobby das Gefühl, nicht genug vom Kuchen abbekommen zu haben, entdeckt sie eine Gerechtigkeitslücke. Sie präsentiert den Medien einen bedauernswerten Härtefall und verlangt Nachbesserung. Daraufhin wird die Gerechtigkeitslücke mit viel Geld gestopft. Im besseren Fall ist es nur teuer, im schlechteren wird die Intention des Gesetzes ins Gegenteil verkehrt. mm

Gesicht zeigen

Offizielle Anweisung für den Umgang mit Neonazis und »rechter Gewalt«. Gilt nicht gegenüber muslimischen Rassisten und Antidemokraten. Dort wird Wegschauen empfohlen, am besten im Zuge eines »interkulturellen ➔ **Dialogs**«. Die Verurteilung von Ehrenmorden und der Unterdrückung der Frau könnten als Diskriminierung empfunden werden. Sollte jemand zufällig Zeuge werden, wie eine Synagoge angezündet wird, dann empfiehlt es sich zunächst, auf das Äußere des Attentäters zu achten. Handelt es sich um eine glatzköpfige Dumpfbacke oder einen bärtigen Mullah? Erst wenn das geklärt ist, sollte entschieden werden, ob man hinschaut oder wegschaut. max

Gesunde Ernährung

Körperreligion mit umfassendem Tabukatalog. Früher haben Menschen einfach gegessen, und wenn es schmeckte sagten sie »lecker«. Unbegreiflich, dass die Menschheit auf diese Weise Jahrtausende überleben konnte. Heute wissen wir, dass das falsch und gefährlich war. Essen ist zu einer Lebensaufgabe geworden. Wer sich lange genug richtig ernährt, stirbt kerngesund und gertenschlank. Wie man sich richtig ernährt, erfährt man von *Brigitte*, *Bild der Frau*, Foodwatch und Greenpeace. mm

Gewalt

Wie in »mit Gewalt löst man keine Probleme« (➔ **sinnloser Krieg**). Das versucht man auch tagtäglich der vogel- und mäusemordenden Katze zu erklären, die einen bloß berätselt ansieht, derweil sie ihre Beute auf dem Küchenboden als Strecke auslegt. Könnte sie reden, würde sie dozieren: »Gewalt löst andauernd Probleme, wie etwa die ethnischen Säuberungen auf dem Balkan (1991–1999).« Sie würde auch auf die gewaltsame Beseitigung des Nazismus verweisen oder auf Dutzende von antikolonialistischen Befreiungskriegen. Wäre Mieze dazu noch philosophisch gebildet, würde sie hinzufügen, dass der ➔ **Pazifismus** eine korrupte Moral sei, besagt er doch, dass man zugunsten des ➔ **Friedens** jeden anderen Wert – von der Freiheit bis zur Gerechtigkeit – verraten würde. jj

Gewaltspirale

Entsteht, wenn man sich wehrt. Man sollte sich also besser jeglicher Gewalt unterwerfen, um so zumindest Opferstatus zu gewinnen. mm

Glaubwürdigkeit

Oft das Gegenteil von Wahrheit. Glaubwürdig ist, wer mit großen feuchten Augen in Kameras gucken und dabei seine Gefühle möglichst → **authentisch** ausdrücken kann. Grundsätzlich unglaubwürdig sind Wissenschaftler, Unternehmer und Amerikaner. Politiker kriegen von Schauspiellehrern beigebracht, wie man glaubwürdig rüberkommt. Manche sind auch Naturtalente wie Norbert Blüm, der als Arbeits- und Rentenminister (1982–1998) völlig glaubwürdig die Grundrechenarten außer Kraft setzen konnte.

Bei Skandalen und Auseinandersetzungen siegt meist die Glaubwürdigkeit, nicht die Wahrheit. Als Shell die Ölplattform Brent Spar im Nordatlantik versenken wollte, sagte der → **Konzern** die Wahrheit über die geringen Inhaltsstoffe, Greenpeace täuschte die Öffentlichkeit hingegen mit haarsträubend falschen Angaben über Menge und Art der angeblichen Gifte und Rückstände. Die Rückstände wären bei einer Versenkung vollkommen unproblematisch von Meeresmikroben verspeist worden. Aus der Stahlkonstruktion selbst wäre innerhalb einiger Jahre ein künstliches Riff und somit ein Rückzugsraum für Meerestiere entstanden. Doch die Fakten hatten keine Chance. Greenpeace besaß die größere Glaubwürdigkeit.

Shell lernte schnell seine Lektion: Der Konzern investierte

25 Millionen Euro in das völlig überflüssige und ökologisch unsinnige Recycling der Ölplattform an Land. Diese Summe wurde nicht in die ➔ **Umwelt** investiert, da hätte man mit so viel Geld sehr viel Sinnvolleres leisten können. Das Geld wurde in Glaubwürdigkeit investiert.
Bei tatsächlichen oder vermeintlichen Skandalen und Katastrophen geht es in der Regel nicht um Wahrheit, sondern um Glaubwürdigkeit. Egal, ob es sich um Rinderwahnsinn, Medikamentennebenwirkungen, ➔ **Terror** oder Folter handelt. So konnte beispielsweise das Bild eines palästinensischen Kindes, das vor laufenden Kameras im Kugelhagel starb, zur Ikone für die brutale Unterdrückung durch das israelische Militär werden. Tatsächlich wurde das Kind von palästinensischen Kugeln getroffen. Doch die Unwahrheit erschien den westlichen Medien viel glaubwürdiger. max

Gleichgewicht, natürliches
Das Paradies der Ökoreligion. Die Behauptung, es gebe in der ➔ **Natur** ein Gleichgewicht, welches einzig vom Menschen gestört wird, darf in keiner Tischrede, keiner Predigt und keinem Kinderbuch mehr fehlen. Nur: Nicht Gleichgewicht, sondern Wandel ist die Grundlage der immerwährenden Erneuerung, die wir Evolution nennen. Wäre die Natur nicht zum schnellen Wandel fähig, gäbe es kein Leben auf der Erde. Denn Veränderungen des Klimas und ➔ **Naturkatastrophen** haben Pflanzen und ➔ **Tiere** immer wieder zu neuen Anpassungen gezwungen. »Ökosysteme können nicht zusammenbrechen«, schreibt der Ökologe Josef H. Reich-

holf. »Der gegenwärtige Zustand ist nichts weiter als die Ausgangsbasis für den nächsten.«
Doch es gehört zum festen Repertoire umweltpolitischer Sonntagsreden, dass durch Veränderung alles nur schlechter wird. Demgegenüber wird die Natur zum Fels in der Brandung menschlicher Veränderungswut stilisiert. Ökosysteme seien immer ein harmonisches Miteinander, ein auf Recycling angelegtes Teamwork. Das kann durchaus der Fall sein. Ebenso üblich sind aber auch Massenvermehrungen von Tierarten, die ihren Lebensraum ratzekahl fressen, bis sie selber verhungern. Ökosysteme können grundverschiedene Zustände einnehmen, diese kurz oder lang beibehalten, schnell oder kontinuierlich verändern. Und sie können etwas hervorbringen, was die meisten Ökoromantiker für typisch menschlich halten: Müll. Eisenbakterien gehören zu den ältesten Bewohnern unseres Planeten. Sie hinterlassen als Stoffwechselprodukt mineralischen Müll, eine Eisenhalde. Gewässer, in denen sich die Eisenbakterien vermehren, sterben ab, sie verrosten. Jeder Spaziergänger, der so einen rotbraunen Bach oder Tümpel sieht, hält dies sofort für einen schlimmen Fall von Umweltverschmutzung. Die stinkende Pampe ist jedoch das Ergebnis eines völlig natürlichen Prozesses – 100 Prozent ökologisch. mm

Globale Erwärmung

Führt in ihrer extremsten Form direkt in die nächste Eiszeit und ist deshalb ein von der Temperaturentwicklung auf dem Planeten völlig unabhängiges Phänomen. max

Globalisierung

Praktische Erfüllung des in der Vergangenheit vielfach geäußerten Wunsches »Wir sind eine Welt«. max

Globalisierungskritiker

Die Popversion des Protektionismus. Globalisierungskritiker können es im Medienerfolg mit Greenpeace und PETA aufnehmen. Jeder liebt sie und ihren Kampf gegen offene Märkte. Zumindest in den reichen alten Industrieländern ist das so, weil die auf freien Weltmärkten einiges zu verlieren hätten. In Afrika und Asien ist Attac deshalb unbedeutend. Behäbige Industrien und subventionierte Bauern freuen sich, dass ihre Interessen von rebellisch gestylten jugendlichen Demonstranten propagiert werden. Dass es nunmehr als ➔ **links** gilt, gegen das ökonomische Zusammenwachsen der Welt zu sein, für Protektionismus und nationale Wirtschaftsprivilegien einzutreten, ist eine seltsame Volte der Ideengeschichte. Früher war die Linke internationalistisch. Marx und Engels betrachteten den entwickelten globalen ➔ **Kapitalismus** als großen Fortschritt gegenüber nationaler Beschränktheit – zum Beispiel im *Kommunistischen Manifest.* mm

Grün

Sammelbegriff für heile, unverdorbenen Welt. Die Vorstellung von der grünen Idylle lässt sich am besten aufrechterhalten, wo man am weitesten von der Natur entfernt ist. Deshalb wird in Großstädten am meisten grün gewählt. max

Grüne Gentechnik
Verschwörung von Frankenstein-Wissenschaftlern und Agrokonzernen mit dem Ziel, die Bauern zu versklaven, die ➔ **Umwelt** zu ruinieren und uns alle zu vergiften. Dass draußen in der Welt gentechnisch veränderte Pflanzen von vielen Millionen Bauern auf vielen Millionen Hektar Land problemlos angebaut werden, beweist gar nichts. Wir in Deutschland wissen es besser und ernähren uns konsequent von natürlichen Lebensmitteln, die so wachsen, wie der Herrgott sie geschaffen hat, zum Beispiel Broccoli, Nektarinen und kernlose Trauben. mm

Günter Grass
Nobelpreisträger, der ein herrliches Buch, *Die Blechtrommel*, geschrieben hat und sich seitdem als Wirtschaftstheoretiker betätigt. »Was ist aus der uns vor 60 Jahren geschenkten Freiheit geworden«, fragt er, »zahlt sie sich nur noch als Börsengewinn aus?« Grass leidet immer heftiger am ➔ **Kapitalismus.** »Unser höchstes Verfassungsgut schützt nicht mit Vorrang die bürgerlichen Rechte, ist vielmehr zu Niedrigpreisen verschleudert worden, auf dass es, dem ➔ **neoliberalen** Zeitgeist genehm, vor allem der sich ›frei‹ nennenden Marktwirtschaft dienlich wird.«
In den Achtzigerjahren hat er ein paar Monate in Kalkutta verbracht. Indiens Regierung befolgte damals alles, was Günter Grass auch heute Deutschland und der Welt empfiehlt: Abschottung der nationalen Wirtschaft, staatliche Devisenkontrolle, behördliche Überwachung der Unternehmen. Stagnation und Massenarmut waren das Ergebnis. In-

dische Politiker schafften es umzudenken. Sie brachten marktwirtschaftliche ➔ **Reformen** auf den Weg, die Indien ein rasantes Wirtschaftwachstum verschafften. Millionen Menschen entkamen der ➔ **Armut**. Kalkutta erwachte zu neuem Leben, Günter Grass nicht.

Wenn die Fakten nicht zur These passen, umso schlimmer für die Fakten. Mitte der Achtzigerjahre verkündete Grass das Ende des deutschen ➔ **Waldes** und malte eine Zukunft, in der nur noch »großräumige Parkplätze, vielstöckige Kaufhäuser und Müllhalden am Rande der Städte zum Verlaufen einladen«. Als dann nicht der Wald, sondern der reale ➔ **Sozialismus** abstarb, formulierte er eine originelle Geschichtsinterpretation: Die deutsche Teilung sei die Strafe für Auschwitz. Dann behauptete er, die DDR sei »ein Schnäppchen« für die Westdeutschen. Es ist das teuerste Schnäppchen der Weltgeschichte, das alljährlich vier Prozent des Sozialprodukts fordert. Und schließlich gab er den Totalitarismustheoretiker und erklärte den untergegangenen SED-Staat zur »kommoden Diktatur«.

Weniger freundlich äußert er sich über westliche Demokratien, dagegen hat er neuerdings umso mehr Sympathie für islamisches Brauchtum. Grass forderte als Geste christlicher ➔ **Demut**, eine Lübecker Kirche zur Moschee umzuwidmen. Im Jahr 2006 bezog er im Streit um dänische Mohammed-Karikaturen entschieden Stellung gegen die bürgerliche Pressefreiheit. Die Cartoons, so Grass, erinnerten ihn an die Hetzzeichnungen des *Stürmer*. »Wir leben in einer Zeit«, fuhr er fort, »in der einer Gewalttat die nächste folgt. Die erste ist die durch den Westen gewesen, die Invasion des Irak.«

Gute alte Zeit

Gab 2006 zwei verschüttete Erinnerungen zu Protokoll: a) dass er sich 1944 freiwillig zur Waffen-SS gemeldet hatte und b) dass er erst am Ende des Zwölfjährigen Reiches in der amerikanischen Gefangenschaft »auf einmal mit direktem Rassismus konfrontiert« worden sei. Gemeint war nicht der deutsche, sondern der amerikanische – Weiße gegen Schwarze. mm

Gute alte Zeit (1)
Entsteht, wenn man den persönlichen Hormonhaushalt mit der Weltgeschichte verwechselt. Das war, als Adenauer Wirtschaftswundertüten verteilte, Dutschke die Nazis besiegte und der Rhein noch ein Badeparadies war. Da schmeckte das Brot noch kernig, und Weihnachten fiel Schnee. Frauen konnten noch nachts durch die Straßen gehen, und Kinder lasen Bücher, statt mit Videospielen zu daddeln. Es herrschte ➔ **soziale Gerechtigkeit**, und in der DDR hatte jeder einen Kindergartenplatz. Damals waren wir politisch engagiert und haben alle für den ➔ **Frieden** und gegen Atom gekämpft. »Du, ich kann dir sagen, vor Brokdorf im Winter unterm Wasserwerferstrahl, das war kein Zuckerschlecken. Aber heute: Ich sag nur Klima, ➔ **Bush**, BSE, Turbokapitalismus, McDonald's, Unterschichtenfernsehen, Neoliberalismus, Nullrunden im öffentlichen Dienst, und unsere Rente ist auch nicht mehr sicher.« mm

Gute alte Zeit (2)

Analphabetentum, Apartheid, ➔ **Armut**, Folter, Hexenverbrennung, Hunger, Inquisition, Kinderarbeit, Kinderlähmung, Kolonialismus, Leibeigenschaft, Pocken, Sklaverei, Tuberkulose, Zwangsheirat, Zahnziehen ohne Betäubung. max

Gute alte Zeit (3)

Lebenserwartung im Bismarck-Reich: um die 50 Jahre. Im Hitler-Reich: ein paar Monate, wenn man die falsche Religion, Ideologie oder Nationalität hatte. Heute: Knapp 80 für Männer, mehr für Frauen. *Heißes Bad*: 1871 ff. nur für die Reichen, 50 Jahre später: nur für Leute, die eine halbe Tonne Briketts für den Boiler in den vierten Stock hieven konnten, heute: ➔ **Wellness** und Whirlpool im Pauschalpreis inbegriffen. *Blutvergiftung*: Zu Opas Zeiten Tod oder Amputation, heute ein Schächtelchen Antibiotika (ähnlich: Gonnorhoe, Syphilis, Diphterie etc.) *Umgang mit dem* ➔ **Staat**: damals – »Können Sie sich überhaupt ausweisen?«, heute – »Was kann ich für Sie tun?« *Knast*: damals Kerker oder Zuchthaus, heute »offener Strafvollzug«. jj

H

Hamburger

1. Bewohner der Freien und Hansestadt Hamburg. **2.** Bestecklose Heißmahlzeit amerikanischer Provenienz, welche den Regenwald vernichtet, die deutsche Esskultur verdrängt (Wollwurst, Schweinebacke, Frikadellen mit jeweils 50 bis 80 Prozent Fettanteil) und die ➔ **Familie** zerstört, weil die Kids lieber beim Burgerbrater einfallen, als daheim in Mutters falschem Hasen zu stochern. Leider ist noch nie gerichtsfest beobachtet worden, wie die US-Soldateska mit vorgehaltener MP die Kids in diese Fast-Food-Fabriken treibt. jj

Harvard und Stanford

Mantra aller deutschen Bildungsreformer und Wunschunis aller ehrgeizigen deutschen Eltern – regelmäßig mit dem Zusatz versehen, dass der Rest der amerikanischen Universitätswelt dem Standard einer deutschen Mittelschule genügt. jj

Hinterfragen

Popversion der Kritischen Theorie, deren Sockel die Ideologiekritik ist. Deren Hauptaufgabe ist es, dem Gegner die Maske vom Gesicht zu reißen, also die Klassen- oder Rassen- oder Genderinteressen zu entlarven, die hinter seinen Auslassungen stehen. Intentionen sind alles, der Rest ist Verschleierung – auch vor sich selbst. Generationen deutscher Studenten sind von der ➔ **Universität** mit der Vorstellung abgegangen, dass es schon ausreicht, all das zu »hinterfragen«, um eine politische oder ökonomische Theorie zu demolieren. Ist nicht alles bloß verkappte Interessen- und Machtpolitik, bestenfalls Ausfluss eines falschen Bewusstseins? Der Liberalismus ist nur die Ideologie des aufsteigenden Bürgertums, die ➔ **Globalisierung** ein Herrschaftsinstrument Amerikas. So erspart man es sich, Gedankengebäude auf Evidenz oder Stringenz abzuklopfen oder gar empirisches Material als Ramme herbeizuschaffen. »Das sagt der doch nur, weil er ...« ersetzt das sachliche Argument mit dem argumentum ad hominem. Und das ist auch gut so. Warum sachlich, wenn's auch persönlich geht? Diskreditieren ist bequemer als argumentieren. jj

Hitler

Der interessanteste Mensch aller Zeiten. Unerschöpflicher Materiallieferant für die Titelgestalter von Wochenmagazinen, für unterversorgte TV-Redaktionen und den Buchmarkt. Und wenn Hitler mal nicht reicht, gibt's noch Hitlers Frauen, Köche und Hunde. Buddhistische Reinkarnationsexperten behaupten, der Führer sei nach seinem Ableben als mediale Endlosschleife wiederauferstanden. So wollte er sich auf ewig am deutschen Volk für die schmachvolle Niederlage rächen. »Gäbt mirr 1000 Jahrre Sändezeit!«, sollen seine letzten Worte gewesen sein. mm

Homöopathie

In Zucker verpacktes Nichts, das die Kosten im Gesundheitswesen senkt. Ihre Anhänger glauben an die Heilkraft kleiner Milchzuckerkügelchen, die keinerlei Wirkstoffe enthalten und dennoch viele Patienten von den Toten auferstehen lassen. Der skeptische Volksmund aber sagt: Von nichts kommt nichts. Was auch schon die Römer wussten: *Nil ex nihilo.*

Der Homöopathiegründer Samuel Hahnemann hatte die geniale Idee, das Nichts in Zucker oder Wasser zu verpacken. Ein Hang zum Mystischen gehört zum deutschen Wesen, wie solides Brot und komplizierte Steuern. Wo sonst in der Welt könnte man Menschen finden, die an Arbeitsbeschaffung durch Arbeitsämter, Energieversorgung durch Windräder oder Welterklärung durch Peter Sloterdijk glauben? Wer sich auf die Suche nach den Wurzeln der Realitätsverweigerung begibt, stößt früher oder später auf die Homöopathie, eine deutsche Massenbewegung, die seit fast zwei Jahrhunderten wächst, an der die Aufklärung wirkungslos abperlt und die inzwischen auch international erfolgreich missioniert.

Über zwei Drittel der Deutschen finden Homöopathie sympathisch, und über ein Drittel hat sich schon einmal nach dieser Lehre behandeln lassen. Es sind mehr Frauen als Männer und mehr Akademiker als Hauptschulabsolventen. Wer den Zauber mit dem Wirkstofflosen aufdeckt, stößt auf Argwohn. Wahrscheinlich steht er im Sold der Pharmaindustrie. Auf jeden Fall ist er ein verbohrter Anhänger der kalten, entmenschlichten Schulmedizin, durch die wir alle nur kränker werden (obwohl sich die Lebenserwartung in Deutschland in den vergangenen 100 Jahren fast verdoppelt hat).

In den schicken Wohnvierteln deutscher Großstädte, dort, wo die Kinder auf Waldorfschulen gehen und die Eltern im Ökoladen einkaufen, bieten auffallend viele Ärzte und Apotheker Homöopathie an. Eine starke Lobby wirbt dafür, dass die Krankenkassen die Kügelchentherapie bezahlen. Ihr Vorschlag: Hahnemanns Rezepte, die seit 1810 unverändert gelten, sollten nicht nach wissenschaftlichen Kriterien auf Wirksamkeit überprüft werden. Die Homöopathen selbst wollen die Überprüfungsmethoden bestimmen. Eine gute Idee: Wir sollten auch unsere Steuererklärung selbst überprüfen dürfen. mm

I

Ich gehe davon aus

Worthülse, die einem Redner erlaubt, sich in Nebel zu hüllen, was in besseren Zeiten, als Rauchen noch okay war, der Zug an der Zigarette oder Pfeife tat. Er gewinnt Zeit und entfleucht der Festlegung. Ähnlich beliebte Floskeln sind: »Man muss sich fragen …«(dann kommt garantiert keine Antwort), »ein Stück weit« (kann Raum-, Gewichts- oder Längenmaß sein) und »hol mir mal 'n Bier« (mit dem Gerhard Schröder, Kanzler 1998–2005, in die Nähe von Perikles rückte). Journalistische Pflichtwörter sind »eher«, »wohl« und »anscheinend«, welche die genauere Recherche oder das präzise Urteil ersetzen. »Verweile doch ein Stück weit, ich gehe davon aus, dass du eher schön bist« hätte Faust vor dem Teufel gerettet. Und »Du sollst wohl nicht töten« hätte dem Allmächtigen eine viel bessere Presse und womöglich mehr Anhänger verschafft. jj

IKEA

Erfolgreicher Hersteller schwedischer Möbel und Billy-Regale. Früher Antwort auf die bürgerliche Spießigkeit, heute Ausdruck derselben. Politisch korrekt wie Volvo und Saab, obwohl die inzwischen den Amis gehören (Ford, GM). Idealer Lebensraum für Herbert Marcuse, Karl Marx, Mao, Lenin, Wilhelm Reich, Heinrich Böll, ➔ **Günter Grass**, Günther Wallraff, ➔ **Michael Moore** und Tim Melzer. Im Besitz des antikapitalistischen Kapitalisten Ingvar Kamprad, einem der reichsten Männer der Welt. max

Indianer

Neuweltliche Abkömmlinge deutscher Edelmenschen. Es gibt nur eine Sorte Menschen in Nordamerika, die von den Deutschen respektiert, bewundert und verehrt werden. Und das, obwohl sie einem reaktionären Waffenkult frönen und sich selber gern als »Krieger« oder mindestens »Jäger« bezeichnen. Ihr spirituelles Oberhaupt heißt Winnetou und wurde in der Fantasie eines sächsischen Hochstaplers geboren, aus dessen flinker Feder ein Hauptquell des Indianerkultes floss. Winnetou ist ein germanischer Held, edel, hilfreich und gut – der Gegenpol zum oberflächlichen, materialistischen Amerikaner.

Auf dem deutschen Buchmarkt gibt es weitaus mehr Bücher über Indianerstämme als über die Geschichte der Vereinigten Staaten. Seit Karl May wurden die Indianer immer friedlicher, und seit den Siebzigerjahren sind sie auch »öko«. Sie hüten Felsen, Seen, Fische und Adler – und haben selbstverständlich ➔ **Respekt** vor ➔ **Bäumen**. Sioux und Schwarzfüße sind praktisch Buddhisten mit Federn im Haar. Der Brief des Häuptlings Seattle (»Erst wenn der letzte Baum gerodet …«) brachte es durch Greenpeace-Autoaufkleber und Kinderbücher zu mehr Popularität als die Zehn Gebote. Dass ihn der Drehbuchautor Ted Perry 1972 verfasst hat, tut nichts zur Sache. Denn fast alles, was Indianerfreunde von Indianern zu wissen glauben, wurde den armen Rothäuten von zivilisationsmüden Romantikern angedichtet.

Im Kino spielte den West-Winnetou ein Franzose, sein DDR-Pendant ein Jugoslawe, doch der wahre Winnetou lebt im deutschen Seelenhaushalt. Wer möchte heute noch so ungeschlacht sein wie Siegfried, so starrköpfig wie Luther oder so gelehrt wie Goethe? Wir wollen wie Winnetou sein: unschuldig, naiv und doch weise, hochherzig und stark.

Mögen die Historiker und Ethnologen uns noch so erbarmungslos über die grausigen Riten, brutalen ➔ **Kriege** und ökologischen Verheerungen präkolumbianischer Stammesgesellschaften aufklären. Mögen die heutigen Indianer den Bau von Spielkasinos einträglicher finden als die Bewahrung von Manitus Schöpfung. Die wahren, ökologischen und friedlichen Indianer werden auf ewig weiterleben – zumindest zwischen Ostsee und Alpen. mm

Industriepolitik (auch: Standortsicherung)

Ein breites Bündel staatlicher Wohltaten für Unternehmen und deren Gewerkschaften. Zum Beispiel, wenn ein Bundeskanzler Aufträge in China, Russland oder Abu Dhabi einfährt. Subventionen für Airbus sind ebenso Industriepolitik wie hochgezogene Gesundheitsschutz- und Sicherheitsbestimmungen, die Konkurrenz aus dem Ausland fernhalten und so niedrigere Preise verhindern. Derlei Zuwendungen sind gut für die Besitzstandswahrung, weil sie Jobs und ➔ **Profite** schützen, die sonst verschwinden und so Ressourcen für produktivere Geschäftsaktivitäten freisetzen würden. Industriepolitik im weitesten Sinne ist der Aufruf einer Grünen-Ministerin aus dem Jahr 2005, die den Volksgenossen nahelegte, nur deutsche Produkte zu kaufen. jj

Islam

Religion des ➔ **Friedens.** mm

Islamophobie

Unter den bekannten Phobien die jüngste und am wenigsten erforschte; theoretisch das Pendant zum ➔ **Antisemitismus**, praktisch schwer zu lokalisieren. Ist die sachliche Feststellung, dass nicht alle Muslime Terroristen, aber alle Terroristen seit 9/11 Muslime waren, bereits ein Beweis für eine islamophobe Einstellung? Oder liegt Islamophobie eher vor, wenn von »Menschen mit ➔ **Migrationshintergrund** und Integrationsdefiziten« die Rede ist und Muslime gemeint sind, die mit dem Gesetz in Konflikt geraten? hb

J

Jean Baudrillard

Französischer Philosoph der Postmoderne (geboren 1929), der nach der Vernichtung des New Yorker World Trade Center den Beruf gewechselt hat und Terrorismusversteher geworden ist. »Wir haben von diesem Ereignis geträumt, weil niemand umhinkann, von der Zerstörung einer derart hegemonial gewordenen Macht – Amerika – zu träumen.« Man könne gar sagen, fährt B. fort, dass die Terroristen »es sind, die es getan haben, aber wir es sind, die es gewollt haben«. Man könnte auch sagen, dass, wenn B. bei einem seiner Amerikabesuche zufällig unter den 3000 ➔ **Opfern** gewesen wäre, er auch das gewollt hätte. Denn was ist der Tod eines Einzelnen, wenn dergestalt ein großer Traum in Erfüllung ginge? jj

Juden

Störenfriede ohne Sinn für Harmonie. Juden teilt man ein in ➔ **tote Juden** und lebendige Juden. Tote Juden sind durchweg gut, lebende sind oft lästig. Die bösen Juden nennt man

Zionisten. Dann gibt es noch die Juden in Wissenschaft, Medien, Wirtschaft, Banken und die Juden der amerikanischen Ostküste. Die haben zu viel Einfluss. »Ostküste« kann auch als Synonym für Juden gebraucht werden. Zu den lästigen Juden zählen die Besserwisser, die ewig Beleidigten, die Missversteher und die Übelnehmer – die sollten sich was schämen. Es gibt auch ein paar gute lebende Juden wie Noam Chomsky, die verdammen Israel, hassen Amerika und lieben deutsche Pazifisten. mm

Juden, tote

Stammkapital der Deutschland AG, die gegründet wurde, damit sich die Geschichte nicht wiederholt. Nie wieder soll die NSDAP an die Macht kommen, nie wieder darf Adolf → **Hitler** Kanzler werden. Deswegen werden tote Juden in Ehren gehalten. Man baut ihnen Mahnmale und klagt darüber, »was wir uns angetan haben«, indem wir sie vergast haben. Juden, die noch leben und am Leben bleiben wollen, werden dagegen ebenso regelmäßig ermahnt, für die Verzweiflung palästinensischer Terroristen → **Verständnis** zu haben, die sich in voll besetzten Bussen und Cafés in die Luft sprengen müssen, weil sie keinen eigenen → **Staat** haben. hb

Jürgen Habermas

Verfasser rückwärtsgewandter Utopien. Geboren 1929, hat er zusammen mit Jacques Derrida (1930–2004) im Jahr 2003 ein Manifest veröffentlicht, das den ächzenden europäischen Für- und Vorsorgestaat als Höhepunkt der Geschichte feiert.

Stichworte: »Zähmung des ➔ **Kapitalismus**«, »vorbildliche Wohlfahrtsregime«, »Vertrauen in die Steuerungskapazitäten des ➔ **Staates**«, »Skepsis gegenüber der Leistungsfähigkeit des ➔ **Marktes**«, »solidarische Regelungen«, »keine ungebrochenen optimistischen Erwartungen gegenüber dem technischen Fortschritt«, »Präferenzen für die Sicherheitsgarantien des Wohlfahrtsstaates«. Dass Amerikaner, exkommunistische Osteuropäer, Inder, Chinesen, Asiaten insgesamt diesen Telos gering schätzen und uns ganz unsolidarisch und unskeptisch abhängen, betrachten wir als unfreundlichen Akt gegen unsere überlegene Lebensart. Zur Strafe und Läuterung wird ihnen täglich zum Fett-Burger beziehungsweise zu gerösteten Hühnerfüßen eine Portion Habermas und Derrida verordnet. jj

K

Kälte, soziale (1)

Droht den Menschen, wenn das Urlaubsgeld und das Weihnachtsgeld gekürzt, die Kilometerpauschale und die Eigenheimzulage abgeschafft werden. Dann macht sich im Lande eine Stimmung breit, wie sie einst in den Suppenküchen für die Armen geherrscht hat. Die Menschen rücken näher zusammen, um sich zu wärmen, Fahrgemeinschaften entstehen, und in den Freudenhäusern an der Reeperbahn gibt es heißen Kaffee als Zugabe. hb

Kälte, soziale (2)

Wenn wegen Wachstumsmangel die Ressourcen des → **Staates** knapp werden und deshalb angestammte Gruppenprivilegien angetastet werden müssen. jj

Kapitalismus

1. Ein Wirtschaftssystem, das auf dem Privateigentum der Produktionsmittel und der Steuerung durch den → **Markt** basiert. Der → **Staat** beschränkt sich auf Aufgaben, die privat nicht erfüllt werden können: von der Einhaltung des fairen Wettbewerbs über die Geldmengensteuerung bis zur nationalen Sicherheit. Historisch hat sich der **K.** als bester Garant von Wachstum und Wohlstand wie auch von Freiheit erwiesen. Zwar gibt es manchmal **K.** ohne Freiheit (etwa in Pinochets Chile), aber nie Freiheit ohne **K.** **2.** Ein Wirtschaftssystem, das für alle Übel dieser Welt verantwortlich ist: Ausbeutung, Imperialismus, Faschismus, → **Hitler**, → **Globalisierung**, → **Naturkatastrophen**, → **Krieg**, Unterdrückung der Frauen und → **George W. Bush**. Deshalb muss der **K.** abgeschafft werden. Denn: Die Sowjetunion kannte keinen Imperialismus, China kennt keine Umweltverschmutzung und in beiden Ländern bestand/besteht die Hälfte des Politbüros aus Frauen. jj

Kinderrechte

Wenn Politikern nichts mehr einfällt, um mediale Aufmerksamkeit zu erringen, fordern sie Kinderrechte. Auch Schauspieler, Sänger und andere Intellektuelle empfehlen gern mehr Mitsprache für Minderjährige. Nur erfahrene Eltern klatschen dazu etwas verhalten. Schaltstellen des Guten, wie Greenpeace oder die Walt-Disney-Corporation, berufen Kinderkonferenzen ein. Journalisten fragen Grundschüler nach ihrer Meinung zu den globalen Problemen. Lehrer scheuchen sie auf Friedensdemonstrationen, wo Papa dann

die kleinen Händchen filmt, wie sie ein Transparent umklammern. »Kinder an die Macht!« hieß ein populärer Achtzigerjahreschlager.
Wer kennt nicht die netten Motive aus Katalogen und Kalendern: Herzige Mädchen und Buben Hand in Hand auf einer Blumenwiese. Babys kuscheln mit Kaninchen. Und friedselige Wichte backen lachend Kuchen. So schön könnte die Welt sein, sagen die Bilder. Man denkt unwillkürlich ans Paradies, jenen ➔ **sanften** Kurpark, in dem das Lamm mit dem Löwen schmust. Wie solche Fotos zustande kommen, ist ein gut gehütetes Geheimnis. Die Wahrheit ist: Skrupellose Fotografen arrangieren die Idylle, indem sie ihre minderjährigen Modelle mit Unmengen von Schokolade bestechen. Vor und nach der Aufnahme ziehen sich die kleinen Engel gegenseitig an den Haaren, schubsen sich von Dreirädern oder ballern mit zu Pistolen umfantasierten Zuckerstangen auf alles, was sich bewegt. Pazifist wird mancher mit 13, aber niemand mit drei. Wären die Kinder tatsächlich an die Macht gekommen, der dritte Weltkrieg wäre noch am selben Tag ausgebrochen. Beweis? Eine halbe Stunde Verhaltensforschung am Sandkasten. mm

Klimakatastrophe

Aktuelle Version des Jüngsten Gerichts. max

Kommerz

Schimpfwort für käufliche Waren und Dienstleistungen aller Art. Werden ursprünglich unverkäufliche Produkte von pfiffigen Geistern erfolgreich unters Volk gebracht, dann nennt man das kommerzialisieren. Als wir dieses Buch schrieben, taten wir dies aus vollkommen altruistischen Gründen, also um die Menschheit auf den rechten Pfad zu führen. Diese prinzipiell wenig gefragte Handreichung wurde erst nach Abgabe unserer Manuskripts vom Piper Verlag kommerzialisiert, wofür wir ihm nachhaltig danken. max

Konfliktvermeidungsstrategie

Appeasement. max

Konsens

Gemeinsame Position, hergestellt durch Ausklammerung sämtlicher Streitfragen. max

Konsumterror

Begriff, den progressive Schichten in den Sechzigerjahren erfanden, um das falsche Bewusstsein der ➔ **Massen** zu geißeln. Dieses bewiesen die Terrorisierten, indem sie zwanghaft den Tand kauften, den ihnen die geheimen Verführer der Werbebranche als Notwendigkeiten eingeredet hatten, also Autos, die ihnen Bewegungsfreiheit verschafften, Waschmaschinen, die Knochenarbeit am Waschbrett ersparten, und adrette Treviraröcke, die nicht mehr gebügelt werden mussten. Wer sich allerdings die hübsche blaue DDR-Gesamtausgabe von Marx kaufte, dazu indische Tagesdecken, Hängefarne und später ➔ **IKEA**-Möbel, wer Fernreisen nach

Kathmandu und Kuba buchte, demonstrierte dergestalt emanzipatorisches Bewusstsein. jj

Konzern

Verwerflichste Form eines auf Gewinn ausgerichteten Unternehmens. Konzernen ist alles zuzutrauen, besonders amerikanischen. Eine Steigerungsmöglichkeit bietet nur noch der Begriff »Multi«, hier darf automatisch die Ausbeutung der ➔ **Dritten Welt** vorausgesetzt werden. In Zusammenhang mit »Multi« sollte unbedingt an einer passenden Stelle das Wort ➔ **Profit** eingeflochten werden, »Profitgründe« sind besonders niedrige Beweggründe. Wir selber beziehen nur Gehalt. max

Kreativität

Synonym für Ideenlosigkeit. Kreativ ist Collagenschnipseln im Managerworkshop, Töpfern in der Toskana und Fingerfarbenkunst in der Krabbelgruppe. Hauptsache, alle stehen im Kreis und loben das kreative Potenzial des Erzeugers. Jeder hofft dabei im Stillen, dass ein anderer das Stümperwerk geschenkt bekommt. Denn die Gabe impliziert eine nachdrückliche Aufforderung, es sich an die Wand zu hängen oder ins Regal zu stellen. Bezeichnenderweise benutzt das Adjektiv »kreativ« niemand, der über van Gogh oder Dürer schreibt. mm

Krieg

»Der Krieg ist eine hässliche Sache, aber nicht die allerhässlichste. Schlimmer ist die Verkommenheit der moralischen und patriotischen Gefühle, wonach nichts einen Krieg wert sei, [zum Beispiel] ein Krieg, der andere menschliche Wesen vor tyrannischem Unrecht schützt …« John Stuart Mill (1806–1873), »The Contest in America«, *Dissertations and Discussions* (1859). jj

Kritik, konstruktive

Gehört wie die ➔ **ergebnisoffene Diskussion** zu den Begriffen, die ihre Beliebtheit ihrer Beliebigkeit verdanken. Konstruktiv ist eine Kritik immer dann, wenn der Kritiker sagt, wie er es machen würde, wenn er nicht der Kritiker, sondern etwa der Autor beziehungsweise der Regisseur wäre, dessen Arbeit er kritisiert. Warum er allerdings Kritiker geworden ist, bleibt sein Betriebsgeheimnis. Der Komparativ von »konstruktive Kritik« heißt »solidarische Kritik«. So war es zum Beispiel zur Zeit des Kalten Krieges nur möglich, den Mangel an Schuhen, Hemden, Fleisch, Obst und Tampons in der Sowjetunion zu thematisieren, wenn man gleichzeitig ein Bekenntnis zum ➔ **Sozialismus** ablegte und dabei darauf hinwies, dass der Westen mit seiner Politik des Wettrüstens für die Versorgungsengpässe in der SU verantwortlich sei, weil die Genossen alle Ressourcen in die Verteidigung leiten müssten. Das war so solidarisch, dass von Kritik nichts mehr zu spüren war. Heute kommen nur noch Nordkorea, Kuba und Iran in den Genuss der solidarischen Kritik ihrer europäischen Freunde und Förderer. Über alle anderen Länder wird ergebnisoffen diskutiert. hb

Kritisch

Kritisch ist, wer offene Türen einrennt und sich dafür selbst applaudiert. Beispielsweise, indem er → **Konzerne** und → **Kapitalismus**, Konservative und Katholiken, Technik und Industrie, Konsum und Coca-Cola kritisiert. Als am allerkritischsten gilt, wer Amerika kritisiert. Das Schöne an dieser kritischen Haltung ist, dass sie im Vergleich zur Kritik an wirklich kritikwürdigen Ländern und Kulturen keinerlei → **Risiko** darstellt. max

Künftige Generationen

Beliebte Volksgruppe, die nicht widersprechen kann, weil sie noch nicht geboren ist. Es gibt nichts in diesem unserem Lande, das nicht aus Sorge um künftige Generationen geschieht. Aus der Atomkraft aussteigen? Selbstverständlich aus Verantwortung für die nachfolgenden Generationen. In die Atomkraft wieder einsteigen? Dito. Egal, ob Energiepolitik oder Rentenreform, Studien- oder Müllgebühren – all dies geschieht im Interesse der zukünftigen Menschen. Sämtliche Argumente sind somit als vollkommen selbstlos zu betrachten. Die Ökologiebewegung hatte sich ursprünglich das Exklusivrecht auf den Begriff gesichert, Politiker und Manager haben inzwischen aufgeholt. Die selbstlose Einstellung gegenüber künftigen Generationen ändert sich allerdings schlagartig, sobald die entsprechende Generation auf der

Welt ist, schlechte Noten schreibt und statt nach einer ➔ **öko-sozialen** Utopie nach Designerjeans oder Bafög schreit. Aktuell plagt die Deutschen die Sorge um das Ausbleiben künftiger Generationen, was zu dem delikaten Umstand führt, dass man sich um diese keine Sorgen zu machen braucht, sondern nur um die Rentenbezüge der gegenwärtigen Generation. max

Künstler

Berufstand, der für nichts zuständig ist, aber über alles Bescheid weiß. Warum misst man den Ansichten von Schriftstellern, Regisseuren oder Sängern besonderen Wert bei? Warum kommen in Talkrunden so selten Pizzabäcker, Autoschlosser oder Möbelfabrikanten zu Wort? Deren Gedanken wäre vermutlich fundierter als die der gewohnheitsmäßig plaudernden Kreise. Gefährlicher wird es, wenn Kunst sich mit Misantrophie paart. Das 20. Jahrhundert lieferte Beispiele dafür zuhauf. Was haben Brecht, Eisenstein, Gründgens, Neruda, Picasso, Riefenstahl und Sartre gemeinsam? Sie alle stellten ihre Begabungen in den Dienst der Totalitären oder fanden sie zumindest bewundernswert. Und nicht nur sie. Hunderte prominenter und Tausende vergessener Künstler beteten ➔ **Hitler**, Mao oder Stalin an. Antitotalitäre Denker wie Karl Popper oder George Orwell waren seltene und oftmals von ihren Kollegen angefeindete Ausnahmen.
Aus dem moralischen Versagen der Künstler in der ersten Hälfte des 20. Jahrhunderts haben nur wenige etwas gelernt. Noch in den Achtzigerjahren schwor Jörg Immendorf auf Mao, sang Harry Belafonte am Hofe Erich Honeckers und

himmelte Luise Rinser Kim Il Sung an. Auch im 21. Jahrhundert scheint sich der politische Verstand der Kulturschaffenden nicht aufzuhellen. Peter Handkes Milošević-Verehrung und Konstantin Weckers Konzert im Dienste Saddam Husseins sind nur zwei Beispiele von vielen.

Wer heute erfolgreich Bilder malt, singt oder Romane schreibt, sollte außerdem den »→ **Terror** der Ökonomie« oder die »Diktatur des → **Marktes**« anprangern, den Westen für alle Übel dieser Welt verantwortlich machen und den Weltuntergang durch Umweltverschmutzung voraussagen. So wird aus dem Dichter ein Denker. Dennoch hält sich hartnäckig der Glaube, Künstler könnten besonders wertvolle Beiträge in die politische Diskussion einbringen. Zumindest bei Feuilletonredakteuren und den Leuten, die Sitzplätze in Talkshows vergeben. Ein Viertel der Eingeladenen sind Theaterleute und Künstler. 21 Prozent sind Kulturwissenschaftler und 45 Prozent Literaten und Publizisten. Ökonomen sind mit sechs Prozent vertreten und Naturwissenschaftler kommen kaum vor (drei Prozent). mm

Kultur und Zivilisation

Kultur ist, wenn man aus einem menschlichen Schädel eine Blumenvase macht. Zivilisation ist, wenn man dafür ins Gefängnis kommt. hb

L

Landschaftspflege

Schlüsselbegriff von Agrarlobbyisten und zeitgeistige Begründung für Agrarsubventionen. Warum sollen die Bürger Milliarden aufbringen, um Lebensmittel zu subventionieren, die man billiger importieren könnte? Warum muss eine winzige → **Minderheit** der Bevölkerung (ein bis drei Prozent in der EU der 15) mit der Hälfte des EU-Etats (plus nationale Unterstützungen) gefördert werden?
Also musste ein Argument her, das nach Gemeinwohl klingt und nach »öko«. Die Milliarden seien notwendig, um die Landschaft zu pflegen. Ohne unsere fleißigen Landwirte, da sind sich Ökobauern und konventionelle Agrarier ungewöhnlich einig, würde unsere europäische Kulturlandschaft zu einem hässlichen Gestrüpp verkommen. Wie hässlich muss die → **Natur** gewesen sein, bevor sie mit EU-Milliarden gepflegt wurde? Warum reisen so viele Deutsche in die völlig ungepflegten Wildnisgebiete Australiens, Kenias oder Nordamerikas? Umgekehrt: Warum lachen wir über Vorgartenspießer, die ihre rechteckige Hecke mit dem Rasierapparat

stutzen? Hätten sie nicht genauso ein Recht auf Subventionen und Landschaftspflegegeld?

Aldo Leopold, einer der Gründerväter der amerikanischen Naturschutzbewegung, notierte nach einer Deutschlandreise in den Dreißigerjahren: »Die Deutschen haben einen unnötigen Hang zur Landschaftsgeometrie, die jeden Kubisten erfreuen würde.« Tief sitzt der Horror vor grüner Anarchie in Deutschland. Eine durchaus ökologisch orientierte Zeitschrift warnte: »Bauminvasion gefährdet Almwiesen.« Was wird aus dem ➔ **Waldsterben**, wenn sich jetzt heimtückische Lärchen, Tannen und Ahorne über den rasierten Milka-Rasen hermachen, der von untersubventionierten Bergbauern verlassen wurde? Wohin das führen kann, sehen wir in Österreich, wo massive Bauminvasionen Bären zurück in die Alpentäler lockten.

Auf die Traktoren, ihr europäischen Bauern, bekämpft die Bauminvasion! Denn was wäre die Natur ohne euch? Ein ungepflegtes grünes Kuddelmuddel, in dem sich womöglich gefährliche ➔ **Tiere** versteckt halten. In jedem Grimm-Märchenbuch können wir lesen, wie bedrohlich die Natur außer Kontrolle geraten kann. Es sollte uns Steuerzahlern doch den halben EU-Etat wert sein, dass ein bis drei Prozent der Bevölkerung die Landschaft pflegen, Kühe aufstellen und nebenbei ein paar Nahrungsmittel produzieren, die auf dem Weltmarkt nicht konkurrenzfähig sind. Nieder mit der Laisser-faire-Wildnis, und hoch die Heckenscheren! mm

Lehren aus der Vergangenheit

Werden in Deutschland besonders häufig gezogen. Die Lehre, welche die Mehrheit aus der kriegerischen Niederschlagung des Naziregimes gezogen hat, lautet: Schreckensregime sollten in Ruhe gelassen werden, auf dass sie uns nichts tun. mm

Leistungsdruck

Wirkt sich Leistung direkt auf die Höhe des Einkommens aus, so entsteht Leistungsdruck. Zur Vorbeugung empfiehlt sich das Aufsuchen von leistungsbefreiten Zonen in Verwaltungen, Behörden und Ämtern. Auch Bildungseinrichtungen, bei denen sich Leistung direkt auf die Qualität von Noten oder Abschlüssen auswirkt, sind im Interesse der Volksgesundheit zu meiden. max

Liberal

Synonym für »anything goes«. Laut Brockhaus bedeutet das Wort liberal »freiheitlich gesinnt«. In der neueren deutschen Sprachregelung steht es allerdings für Beliebigkeit und Werterelativismus. Man versteht unter Freiheit nicht länger das Gegenteil von Unterdrückung und Unmündigkeit. Freiheit ist private Selbstverwirklichung, gerne auch auf Kosten anderer. Liberale in diesem Sinne halten beschmierte U-Bahn-Sitze für Jugendkultur und kommunistische Abzeichen für Designelemente. Sie finden die gewaltsame Befreiung unterjochter Völker moralisch verstiegen, die gewaltsame Befreiung von Laborratten cool. Die Entpolitisierung der Freiheitsidee folgt dem Erfolgsprinzip des → **IKEA**-Katalogs. Man kann sich kuschelig damit einrichten. Alles ist irgendwie ein Konstrukt, das vom Betrachter abhängt. Und das darfst du nicht so eng sehen. mm

Links

Gütesiegel für Gesinnungen. Stand früher einmal für fortschrittlich, aufklärerisch, human, demokratisch, internationalistisch, sozial und egalitär. Steht heute für antiwestlich, beharrend, kulturrelativistisch, antiwissenschaftlich, protektionistisch, etatistisch, bürokratisch und elitär. Schade. mm

Luxus

Wovon andere mehr haben als man selbst. → **Pelze** sind Luxus. Für den Campingenthusiasten sind Hotels Luxus, für den Protestanten die Pracht katholischer Kirchen und für Magersüchtige eine volle Mahlzeit. Menschen, die viel reisen müssen, empfinden Hotels jedoch als Notwendigkeit. Katholiken halten die Pracht ihrer Kirchen für gottgefällig. Ebenso sind die meisten Russen und Finnen der Meinung, dass Pelze eine adäquate Winterbekleidung darstellen.

Das Urteil über die Luxusfähigkeit eines Produkts oder einer Dienstleistung fällt die gebildete Mittelschicht. Urlaubsreisen, Autofahren und tägliches Duschen standen alle schon auf der grünen Luxusliste. Meditationswochenenden, Waldorfkindergärten und sündhaft teuere Hightechfahrräder werden in Antiluxuskreisen jedoch geschätzt. Weitere Nichtluxusartikel findet man im Katalog der Versandfirma Manu-

factum, die zu ihren Hochpreisprodukten eine kostenlose Gesinnung mitliefert.
Man selbst gönnt sich keinen Luxus. Im Gegensatz zu unseren Nachbarn im Süden und Osten stellt der gemeine Nordwesteuropäer sein Vermögen nicht aus. Dies führt zu einer erhöhten Kreativität bei Auskünften, welche die Anschaffung luxusverdächtiger Güter begründen sollen. Gern wird dabei eine komplexe Notlage artikuliert: »Na ja, ich weiß, so ein geräumiger Geländewagen wirkt irgendwie protzig, aber die Auffahrt zu unserem Haus in Südfrankreich ist so holperig, dass wir ihn einfach brauchten.« Auf diese Weise bleiben wir auf ewig dem Reich der Notwendigkeiten verhaftet und können uns nicht im Tand wälzen. mm

M

Mahnende Stimme

Wird erhoben, wenn einer im Gestus des Einzelkämpfers offene Scheunentore einrennt und die kollektive Befindlichkeit bestätigt. max

Mainstream

Vorwurf gegen unbequeme Ansichten. Wer auf sich hält, sollte einer kleinen, aber tadellosen → **Minderheit** angehören. Umgekehrt gilt nicht nur in der Kunst, sondern auch in der intellektuellen Auseinandersetzung das Attribut »Mainstream« als peinlicher Makel. Deshalb wird das Wort auf den Kopf gestellt. Wer ein paar wahre, aber unpopuläre Dinge sagt, wird gern als Vertreter eines angeblichen Mainstream in die Ecke gestellt. Die Tatsache, dass niemand dessen Meinung teilt, spielt keine Rolle. Die ganz große Mehrheit hält sich erstaunlicherweise stets für eine einsame Minderheit. mm

Man wird doch wohl mal sagen dürfen
Ausdruck der verdrucksten Empörung, die übermächtige Kreise im In- und Ausland bezichtigt, den Deutschen die Wahrheit vorzuenthalten oder zu verbieten. jj

Manchester-Kapitalismus
Ein deutscher Kampfbegriff, der in Manchester unbekannt ist. Das historisch korrekte Wort ist »Manchester-Liberalismus«, eine Bewegung aus dem 19. Jahrhundert, deren hervorragende Köpfe John Bright und Richard Cobden waren. Sie haben sich nicht für Sweatshops und Ausbeutung eingesetzt, sondern für den freien Handel, der im Sinne des Gesetzes vom komparativen Vorteil (David Ricardo) allen Beteiligten den größtmöglichen Vorteil böte: Jeder soll produzieren, was er am besten kann, und dafür das importieren, was ein anderes Land besser und billiger herstellen kann; so gewinnen beide Seiten. Als Kämpfer für die kleinen Leute waren Bright und Cobden erbitterte Feinde der britischen *Corn Laws*, die Getreideimporte begrenzten und folglich den großen Landbesitzern nützten, weil sie den Preis für Mehl und Brot hochtrieben und so das Realeinkommen der Arbeiterklasse minderten. In der Außenpolitik waren die Manchester-Liberalen Moralisten, die gegen den Krimkrieg und für eine britische Intervention zugunsten der Griechen in ihrem Freiheitskampf gegen die Türken stritten. Sie waren also progressiv und ➔ **liberal** im heutigen Sinne. Diese Liberalen haben das Epitheton »Manchester-Kapitalismus« nicht verdient, aber das ist Altertumsgeschichte. Es ist ein bequemer Knüppel, der jede

weitere Diskussion erstickt – und deshalb stets mit sich zu führen ist. jj

Markt

1. Wo man unter freiem Himmel Dinge des täglichen Bedarfs einkauft. **2.** Konstrukt ➔ **neoliberaler** Ideologie, die behauptet, der Markt sei das beste Informationssystem, das der Mensch je erfunden habe – jedenfalls bevor Google auf den Plan trat. Er verleihe, so die Bewusstsein fälschende Mär, dem Konsumenten eine Stimme und richte den Produzenten tagtäglich aus, was tatsächlich gebraucht wird. Weil Markt gleichbedeutend mit Wettbewerb sei, heißt es, garantiere er niedrige Preise, den produktivsten Einsatz knapper Mittel, Innovation und somit gesamtwirtschaftliches Wachstum. In Wahrheit aber ist der Markt ein Freibrief für die Selbstbereicherung der Starken. Deshalb muss der ➔ **Staat** die Wirtschaft lenken, zumal der Einzelne ohnehin nicht weiß, was gut für ihn ist. Lenkt der Staat nicht, machen sich ➔ **Ellenbogengesellschaft**, ➔ **Konsumterror** und ➔ **soziale Kälte** breit, dazu ➔ **Sozialdumping** und ein ➔ **Wettlauf nach unten**. Entmachtet aber der Staat den Markt, entsteht ➔ **soziale Gerechtigkeit**. jj

Masse

Egal, ob im Sportpalast oder auf dem Oktoberfest: Massen sind eine Ansammlung von Menschen, denen grundsätzlich alles zuzutrauen ist. Die Massen haben keine gute Presse. Die bloße Hinzufügung des Begriffs »Masse« macht selbst aus dem harmlosen Tourismus den verwerflichen »Massentourismus«, aus Konsum den Kultur zerstörenden Massenkonsum. Selbstverständlich bezieht niemand den Begriff auf sich selbst. Die Masse sind immer die anderen, ich aber bin stets ein Individuum. max

Methusalem-Komplott

Rentnerphobie. Der Herausgeber der *Frankfurter Allgemeinen* hat ein Buch namens *Das Methusalem-Komplott* geschrieben. Darin beklagt er die rasante Abnahme und Alterung der Bevölkerung: »Jedes zweite kleine Mädchen, das wir heute auf den Straßen sehen, hat eine Lebenserwartung von 100 Jahren!« *Grande catastrophe*!
Als potenzieller Methusalem erinnert man sich an einen Bestseller der Sechzigerjahre: *Die Bevölkerungsbombe.* Damals wurde die rasante globale Zunahme der Kinderzahl beklagt, die zum Hungertod der halben Menschheit führen würde. Der Geburtenrückgang in vielen, vor allem westlichen Ländern (also etwas, was man sich früher gewünscht hat), führt jetzt direkt ins Verderben. »Deutschland wird im Jahr 2050 zwölf Millionen Menschen verloren haben – das sind mehr als die Gefallenen aller Länder im Ersten Weltkrieg.« Schlimmer: »Unsere Kinder werden wieder zu Zeitgenossen der Wölfe! Bundesländer werden verwildern, Brandenburg, Meck-Pomm, Thüringen, Pfälzer Wald, Hunsrück.« Zum Trost sei diese Passage hier etwas umformuliert: Rüstige Naturführer werden junge und staunende chinesische ➔ **Touristen** durch die wunderbaren deutschen Nationalparks leiten. Es wird wieder mehr Platz im Lande

sein, auf der Autobahn wird weniger gerast, und das Kyoto-Protokoll erfüllen wir mit links. max

Michael Moore

Der gute Amerikaner. Kronzeuge deutscher Amerikahasser, der ihnen alles sagt und schreibt, was sie gern hören und denken. Amerika besteht aus: ➔ **Gewalt**, Rassismus, Waffen, Ausbeutung, ➔ **Armut**, Amokläufern, Todesstrafe, Bibelschwingern, debilen ➔ **Präsidenten**, kriegsgeilen Militärs und raffgierigen Kapitalisten auf der einen Seite. Und auf der anderen – Michael Moore. Sein Glanz bekam ein paar Kratzer, als herauskam, dass er Aktienpakete der Firmen besitzt, die er am liebsten anprangert, und dass er mit Untergebenen so sensibel umspringt wie Dschingis Khan. Macht nichts in einer Zeit, in der Idole wie Castro nicht mehr ziehen und Arafat nicht mehr lebt. mm

Migranten

Kunstwort, das den verkrampften Umgang mit Sprache verdeutlicht. Wer beispielsweise als Türke 1970 in die Bundesrepublik kam, durchlief eine rasante semantische Karriere. Zunächst war er »Gastarbeiter«, dann pauschal »Ausländer«, später dann spezifischer »Türke«, zwischenzeitlich »Zuwanderer« oder »Einwanderer«, um dann schließlich zum »Migranten« aufzusteigen. Allerdings nur im links-protestantisch-akademischen Wortschatz. Beim Rest der Bevölkerung ist er inzwischen auch kein »Türke« mehr, sondern »Muslim«. »Migrant« wird unser Türke aber nicht bleiben, denn er ist auf dem Weg zum »Menschen mit ➔ **Migrationshintergrund**«. Diesen Titel darf er sogar behalten, wenn er Deutscher geworden ist. mm

Migrationshintergrund
Korrektes Hilfswort zur Vermeidung der Angabe von Nationalität oder Herkunft einer Person oder einer Gruppe. max

Minderheit
Eine Stellung, die vor Kritik schützt und das Einfordern von Ansprüchen erleichtert. Die meisten Menschen haben einen liebenswerten Zug an sich: Sie sympathisieren mit den Schwachen gegen die Starken, mit den Kleinen gegen die Großen. Dieser Effekt kam dem kleinen Nordvietnam zugute, als es gegen die großen USA kämpfte, und er hilft den Schlauchbooten von Greenpeace, wenn sie Walfangschiffe blockieren. Die neuen sozialen Bewegungen der Achtzigerjahre verschafften vielen Angehörigen von Minderheiten mehr Selbstbewusstsein. Endlich wurden sie wahrgenommen und hatten eine Stimme. Inzwischen aber zahlt sich ein gut etablierter Minderheitenstatus aus und kann langfristig bewirtschaftet werden. Deshalb definieren sich immer mehr Menschen als Angehörige einer Minderheit. Seit beispielsweise die »Native Americans« beziehungsweise in Kanada die »First Nations« (politisch unkorrekt ➔ **Indianer** genannt) Sonderrechte bekamen, die die jahrhundertelange Diskriminierung kompensieren sollten, da stieg ihre Zahl rapide an. Nicht weil sie sich plötzlich so munter vermehrten, sondern weil immer mehr Menschen ihre indianische Herkunft entdeckten. mm

Mut

Als besonders mutig (oder auch »unbequem«) gilt derjenige, der einer ganz großen Mehrheit erzählt, was sie hören will, und ihr dabei zugleich den Eindruck vermittelt, sie sei eine kleine Minderheit. max

Mutter, alleinerziehende

Die heilige Madonna des säkularen Sozialstaats. mm

Mutter Courage

Habgierige Opportunistin aus der Feder von Brecht, deren Name im Floskeldeutsch zum Ehrentitel für tapfere Frauen umgemünzt wurde. mm

N

Nachhaltigkeit

Betriebwirtschaftliches Prinzip aus der Forstwirtschaft. Es soll nicht mehr geschlagen als neu gepflanzt werden. Die → **Natur** kennt keine Nachhaltigkeit, weil sie keine Betriebswirtschaft studiert hat. Sie setzt stattdessen auf das Erfolgsprinzip permanenter Veränderung, auch Evolution genannt. Statische Bestandserhaltung ist ihr fremd. Wenn die Natur sich zur Zeit der Dinosaurier entschlossen hätte, nachhaltig zu sein, dann würden heute noch die Dinosaurier den Planeten beherrschen. In Deutschland gilt das als fortschrittlicher Gesellschaftsentwurf. Alle im deutschen Bundestag vertretenen Parteien haben sich einstimmig zum »Prinzip der Nachhaltigkeit« bekannt. max

Narrativ

Früher: Erzählung, heute: die unausgesprochene Behauptung, dass es weder Realität noch Wahrheit gibt, sondern eben nur verschiedene »Erzählungen«, die Klassen-, Rassen- oder Geschlechterinteressen widerspiegeln. jj

Natur

Das einzig rundum Gute auf der Welt. Natur besteht aus Pandabären, Robbenbabys, Schmetterlingen, Blumenwiesen, erhabenen Gipfeln, grünen Tälern und Sonnenuntergängen hinter Schirmakazien. Die Natur ist unsere große, → **sanfte** Lehrerin. Alles in der Natur ist ein ewiger Kreislauf, wie im Buddhismus oder in der Lindenstraße. Nur wenn wir ganz böse zu ihr sind, schlägt die Natur zurück. mm

Natur, unberührte

Gibt es kaum noch, und deswegen gilt es, die letzten Naturreservate vor den Menschen zu schützen. Am besten, indem eine große Firma einen Promi anheuert, der für ein kleines Entgelt der guten Sache ein Gesicht gibt. So hat Günter Jauch einer großen Bierbrauerei geholfen, den Regenwald zu retten. Für jeden gekauften Kasten Bier übernahm die Brauerei die Patenschaft für einen Quadratmeter Regenwald. Die Firma konnte ihren Umsatz steigern, die umweltbewussten Biertrinker hatten einen Grund mehr, sich abzufüllen, und Günter Jauch gab dazu die Zahlen bekannt, immer in Millionen Quadratmetern, damit es nach viel aussah. Am Ende der Aktion war ein Gebiet von der Größe einer Allgäuer Alm gerettet und der Regenwald fühlte sich von Jauch durch die Gülle gezogen. hb

Naturkatastrophe

Veraltete, irreführende Vokabel für menschengemachte Katastrophe. Dazu zählten Stürme, Überschwemmungen und

Dürren, von denen man heute weiß, dass sie von den Amerikanern verursacht werden, die das Klima ruinieren. Darüber herrscht unter allen im deutschen Fernsehen bekannten Wissenschaftlern der Welt völlige Einigkeit. Außerdem gibt es noch Erdbeben und Tsunamis, die von amerikanischen Atombombenversuchen ausgelöst werden. Wirklich natürliche Desaster, die auf höherer Gewalt beruhen, sind heute selten geworden. Dazu zählen etwa Bahnunglücke und Vogelsterben durch Windkraftanlagen. mm

Neo-Cons

Abkürzung für »Neo-Conservatives,« mehrheitlich ➔ **Juden**, die jetzt schon in der zweiten Generation (die erste waren desillusionierte Linke wie Norman Podhoretz und Irving Kristol) die amerikanische Außenpolitik manipulieren. Die jüngere Garde hatte sich während der ersten Regierung Bush (2001–2005) im Pentagon festgesetzt. Die Namen waren Programm: Paul Wolfowitz, Richard Perle und Douglas Feith, also Leute, die den Irakkrieg im Dienste Israels angezettelt haben (obwohl die Israelis stets auf Iran als größte Gefahr in Mittelost verwiesen). Weitere Kriegstreiber waren: ➔ **George W. Bush** (Präsident), Dick Cheney (sein Vize), Don Rumsfeld (Verteidigungsminister), Condoleezza Rice (Sicherheitsberaterin) und eine Zeitlang Colin Powell (Außenminister) sowie die Vereinigten Stabschefs. Dass diese allesamt Protestanten sind, beweist nur, wie clever die Hebräer gewesen sind. Oder dass Bush und Genossen in Wahrheit Marranen sind, also getaufte ➔ **Juden**, die – um seinerzeit der Inquisition zu entgehen – ihren Glauben im Geheimen praktizieren. jj

Neoliberal (➔ **Manchester-Kapitalismus**)
Bezeichnung für Leute, die den Sozialabbau betreiben und die ➔ **soziale Gerechtigkeit** auf dem Altar des Mammons opfern wollen. Sie sind neoliberal, weil »liberal« im Sinne des 18. und 19. Jahrhunderts inzwischen in ➔ »**links**« umgedeutet worden ist. **Neoliberal** ist ein anderes Wort für »das Böse«, ein Begriff, der nicht mehr benutzt werden darf, weil es religiöse Konnotationen hat, die einem aufgeklärten Menschen nicht zu Gesicht stehen. Ein Neoliberaler ist eine Art Verfassungsfeind, weil er am ungeschriebenen Gesellschaftsvertrag herumnörgelt. Er ist für flexible Löhne und gegen die Macht von Gewerkschaften und Kartellen; er ist für Wettbewerb und gegen Ladenschluss; er will Privilegien abschaffen, die auf Gruppenmacht basieren, seien es Bauern-, Gewerkschafts- oder Arbeitgeberverbände. Er will Steuern und Abgaben senken, damit mehr Bürger mehr Geld in der Tasche haben, um es selbstbestimmt ausgeben zu können. Er will dieses Land fit machen für den weltweiten Wettbewerb und die Verfügungsgewalt der ➔ **vom Staat getragenen Klasse** mindern. Damit vergeht er sich an den etablierten Machtverhältnissen und ist deshalb der Feind aller guten Menschen. jj

Nichtregierungsorganisationen (NGO)
Gut organisierte Gruppierungen, die sich ohne Mandat zum Anwalt der Allgemeinheit ausrufen, aber meist Privilegien für ➔ **Minderheiten** durchsetzen wollen. Ihr wachsender Einfluss ist ein erfolgreicher Schritt auf dem Weg zur Refeudalisierung der Gesellschaft (➔ **Zivilgesellschaft**). max

Noch
Semantische Biowaffe. Das Wörtlein »noch« gehört zu den wichtigsten Werkzeugen des sozial-ökologisch-feministisch-pazifistisch engagierten Journalisten. Es ist ein kleiner sprachlicher Tausendsassa, mit dem man die tollsten Effekte erzielen kann. Ein Beispielsatz: »Vor der Küste Floridas tummeln sich ➔ **Delfine.**« Der Satz klingt irgendwie zu gut und könnte aus einem Reisekatalog stammen. Fügen wir also unsere kleine Wunderwaffe ein: Vor der Küste Floridas tummeln sich **noch** Delfine. Da weiß der Leser gleich Bescheid, Meeresverschmutzung und Klimaerwärmung werden diese Idylle bald zerstören. Das Schöne an der Formulierung ist, dass wir die Mahnung nicht mit Fakten untermauern müssen. Ähnlich, wenn sich vor der Küste Floridas »die letzten« Delfine tummeln. Will der Autor sich gegen Einsprüche von Fachleuten absichern, sollte er von der »schleichenden« Bedrohung der letzten Delfine berichten, weil das den Beweis erspart.
Noch ist keinesfalls dem Ökojournalismus vorbehalten. Unser kleiner semantischer Helfer lässt sich in allen Ressorts nützlich einsetzen. »Noch« hat der US-Präsident eine Mehrheit. »Noch« ist die ➔ **Gewalt** in Kindergärten nicht angestiegen. Kaum sind die vier Buchstaben ins Bewusstsein des Lesers vorgedrungen, denkt er sich: »Aber nicht mehr lange.« Dann wird der Bösewicht in Washington scheitern. Dann brechen die Massaker unter den Kleinsten aus. Noch funktioniert dieser Trick. mm

O

Ökologie

Aus der Wissenschaft gestohlener Begriff, der für eine Weltanschauung herhalten muss. Werden Sozialpolitiker Soziologen genannt? Nennt man ➔ **Touristen** Geografen oder Tierfreunde Zoologen? Aber wer über ➔ **Umwelt** oder ➔ **Nachhaltigkeit** doziert, ist ein »Ökologe«. Und wenn ein Politiker erklärt, man müsse etwas für die »Ökologie« tun, kommt kein Sprachpolizist, um ihn zu verhaften. Der Politiker möchte keinesfalls wissenschaftliche Institute unterstützten, die auf dem Feld der Ökologie forschen. »Ökologie« bezeichnet in der deutschen Umgangssprache eine Ideologie, obwohl es sich dabei um ein Forschungsgebiet handelt (eine Untergliederung der Biologie, die Befunde liefert und keine Gesinnung). Das ist nicht nett gegenüber den Ökologen. Man stelle sich vor, jeder, der seine Neurose pflegt, dürfte sich Psychologe nennen. mm

Ökologisches Bewusstsein

Standardforderung bei der Einweihung von Solardächern, Windrädern oder Fahrradwegen. Prinzipiell genügt es, bei der klassischen Sonntagsrede den Begriff ➔ **soziale Gerechtigkeit** durch ➔ **Nachhaltigkeit** zu ersetzen. Beide Begriffe haben gemeinsam, dass alle dafür sind. Ferner gehören einige wissende Vokabeln wie »ökologischer Fußabdruck« ins Repertoire. Seien Sie öfter mal nachdenklich, etwa: »Wenn die Chinesen genauso viel Auto fahren würden wie wir, bräuchten wir gleich zwei Planeten.« Alle werden applaudieren, außer den Chinesen. Artikulieren Sie stets die »Sorge um ➔ **künftige Generationen** und deren Lebensgrundlagen«. Als Mensch, der mitten im Leben steht, wissen Sie vermutlich, dass die Lebensgrundlagen von Zehnjährigen wesentlich von der neusten Version des i-Pod bestimmt werden. Grundsätzlich keine Scherze zu Umweltthemen, sie könnten religiöse Gefühle verletzen. Verinnerlichen Sie die beiden wichtigsten Glaubensbekenntnisse: Keine Atomkraft und keine Gentechnik! Beschließen Sie Ihre Ansprache mit der Formulierung »So wahr mir das Kyoto-Protokoll helfe«. max

Ökosozial

Subventionierte Solarzellen auf dem Dach des örtlichen Arbeitsamts. max

Opfer

Semantisches Statussymbol. Wer keinen Opferstatus erobert, macht etwas falsch. Die Armen sind Hartz-IV-Opfer, die Reichen Opfer einer unfairen Neiddebatte. Industrie und Landwirtschaft sind Globalisierungsopfer, und wer nicht hierzulande geboren wurde, ist Diskriminierungsopfer. Wir alle sind Opfer unserer Erziehung. Jeder Rechtsanwalt erklärt seinen Mandanten zum Opfer der Gesellschaft. Das Werk von Terroristen oder Amokläufern wird als »Hilfeschrei« eines Erniedrigten und Beleidigten interpretiert. Eine beliebte Phrase von Nahost-Kommentatoren lautet, die → **Palästinenser** seien Opfer der Opfer. Demnach sind diskriminierte palästinensische Frauen Opfer der Opfer der Opfer. Doch eigentlich sind sie Opfer der Opfer der Opfer der Opfer. Denn die Nazis ermordeten schließlich die → **Juden** und entfachten den Zweiten Weltkrieg, weil das Deutsche Reich das Opfer des Versailler Vertrags (»Schandfriedens«) war. Vermutlich würde selbst der Teufel – käme er in eine Talkshow – über sein Trauma als verstoßener Engel räsonieren. Die Autoren dieses Buches sind Opfer ihrer Vorurteile und damit Opfer der Verhältnisse.

Im Gegensatz zum umfassenden neuzeitlichen Opferkult berichten Menschen, denen tatsächlich Schreckliches widerfuhr, dass kaum einer etwas von ihrem Schicksal hören wollte. So erging es vielen KZ-Überlebenden in den ersten 20 Jahren nach 1945, und heute müssen sich DDR-Bürgerrechtler anhören, dass sie nervig und nachtragend seien. Auch Opfer von krimineller → **Gewalt** kennen dieses Phänomen. mm

Opfer, unschuldige
Sind meistens bei Terroranschlägen zu beklagen, die gut gemeint sind, aber irgendwie die Falschen treffen. Der Begriff impliziert, dass es auch schuldige Opfer geben kann. Dazu gehören die Menschen in den Türmen des World Trade Center in New York, die heute noch leben könnten, wenn sie sich von den Symbolen des US-Imperialismus ferngehalten hätten, und Israelis, die ihren → **Staat** auf geraubtem Land aufgebaut haben. Unschuldige Opfer, die bei einem Tsunami oder dem Absturz einer Concorde ums Leben kommen, bekommen eine Trauerfeier; schuldige Opfer, die zur falschen Zeit in einem falschen Bus gesessen haben und deswegen nicht lebend am Ziel der Fahrt ankommen konnten, gelten nicht als Opfer der Terroristen, sondern der Politik ihrer Regierung. Das letzte Wort darüber, welche Opfer schuldig und welche unschuldig sind, hat eine Jury aus Vertretern der Al-Kaida, der internationalen Bewegung Pax Christi und der deutschen Friedensbewegung. hb

Ostküstenpresse
Vornehme Umschreibung jüdischer Medienmacht in Amerika, die es insbesondere auf die Deutschen abgesehen hat. jj

P

Palästinenser

Die → **Indianer** des Nahen Ostens. So verwegen, so wild, so romantisch und wie die Indianer nicht sonderlich an Ökonomie interessiert. Was Winnetou die Silberbüchse, ist dem palästinensischen Stammeskrieger seine Kalaschnikow. Mit der lässt es sich in die Luft ballern, wenn ein Kamerateam vorbeikommt. Wer das hauptberuflich tut, erwirtschaftet zwar keinen Lebensunterhalt, kommt dafür aber oft ins Fernsehen. Wer sich Selbstmordgürtel umschnallt, braucht keinen Lebensunterhalt mehr, kommt (postum) ins Fernsehen und wird ein Märtyrer, nach dem man Straßen und öffentliche Gebäude benennt. Leider kommen die vielen Palästinenser fast nie ins Fernsehen, die in → **Frieden** leben und ihre Kinder zur Schule schicken wollen. mm

Papst

Hochintelligente Projektionsfläche. Das Oberhaupt von 1,08 Milliarden Katholiken ist eine harte Nuss für seine Kritiker. Sie wollen ihn hassen, aber er redet immer nur von

Liebe. Jede seiner Äußerungen wird sekundenschnell von professionellen Papsteinschätzern gescannt, ob nicht irgendwas Reaktionäres, Frauen- oder Schwulenfeindliches darin zu finden sei. Doch Benedikt XVI. kann auch jedermanns Darling sein, wenn er Reproduktionsmedizin, Stammzellenforschung oder Kapitalismus geißelt. Dann teilen auch progressive Menschen die katholische Lehrmeinung. mm

Pazifismus

Lehre, welche die Deutschen aus zwei verlorenen Weltkriegen gezogen haben. Sie besagt, dass ➔ **Krieg** und die Beteiligung daran absolut verwerflich, also unter keinen Umständen erlaubt seien. Da ➔ **Gewalt** das größte Übel ist, sagt der Pazifist in Wahrheit, dass er bereit sei, jeden anderen Wert zugunsten der Friedfertigkeit zu verraten: Freiheit, Gerechtigkeit, Schutz der Schwachen und Wehrlosen, Verpflichtung gegenüber Volk, ➔ **Familie** und Freunden. Logischerweise müsste ein Pazifist den Mord am eigenen Kind sowie Auschwitz und Srebrenica hinnehmen. Dies ist eine moralische Position, die man genauso lange einhalten kann wie den Lotussitz auf einer Kreissäge. jj

Paradigmenwechsel

Die zeitgemäße Variante des alten Adenauer-Satzes: »Was kümmert mich mein Geschwätz von gestern!« Wer gestern noch für weniger Steuern und mehr Eigeninitiative war und heute für mehr Steuern und weniger Eigeninitiative eintritt, der ist nicht umgefallen, der hat nur einen Paradigmenwechsel vollzogen. Zum Repertoire des Paradigmenwechsels gehört heute als flankierende Maßnahme der Satz: »Es kann doch nicht verboten sein dazuzulernen!« So betrachtet befindet sich die ganzen Gesellschaft im permanenten Paradigmenwechsel. Und wenn demnächst die Hüfthosen und mit ihnen die Arschgeweihe aus dem Straßenbild verschwunden sein werden, dann haben sich nicht ein paar schwule Frauenverächter etwas Neues ausgedacht, nein, es hat auch in der Mode ein Paradigmenwechsel stattgefunden. hb

Peacekeeping

Friedensstrategie europäischer Schule, am besten unter Führung der Vereinten Nationen. Sie ist multilateral, konsensual, gewaltfrei und dialogbereit. Zu trauriger Berühmtheit gelangte **P.** im Sudan durch Abwesenheit. Zeugen vor Ort nannten es Völkermord. Die Arabische Liga sagte, dies sei übertrieben. Deutsche Regierungskreise sprachen 2004 von einer »humanitären und menschenrechtlichen Tragödie mit genozidalen Potenzialen«. max

Pelz

Mit haariger Moral bewachsene Tierhaut. Scherzfrage: Warum empören sich edle Seelen über Pelze, aber kaum über Lederbekleidung? Antwort: Weil man ältere Damen risikoloser anpöbeln kann als Motorradrocker.

Zu den gewohnten Erscheinungen des Herbstes gehören der Abschied der Zugvögel, das Fallen der Blätter und der Protest gegen Pelzmäntel. Sobald die ersten kalten Tage den Menschen frösteln lassen, ketten sich ➔ **Tierrechtler** an Laternenpfähle oder marschieren nackt durch Fußgängerzonen. Bunte Illustrierte und Prominente aus Fernsehen und Showgeschäft unterstützen das Treiben in Wort und Bild. Mit Erfolg: So landen die Felle von Bisamratten und Füchsen – mangels Nachfrage – größtenteils im Müll. Neuseeländer fanden einen Weg, die Pelzophoben elegant auszutricksen. Die Antipelzkampagne hatte dort zu einer heftigen Zunahme von Fuchskusus geführt – von grauen, auf Bäumen lebenden Beuteltieren, ungefähr so groß wie kleine Füchse. Diese possierlichen Blattfresser wurden vor langer Zeit aus Australien eingebürgert, vermehrten sich und fraßen die neuseeländischen Wälder kahl. Doch keiner mochte sie mehr jagen, seit in Westeuropa und Nordamerika Pelz verpönt war. Jetzt haben neuseeländische Textilspezialisten ein Verfahren erfunden, wie das wollige Fell der Fuchskusus verwebt werden kann. Anstatt es mitsamt der Haut zu Pelzmänteln zu vernähen, kann man nun Wollpullover und Socken daraus stricken. Für die ➔ **Tiere** ist das unerheblich, da natürlich niemand die Fuchskusus lebend einfängt und anschließend rasiert. mm

Präsidenten, amerikanische

Monarchen auf Zeit ohne Geist, Geschmack und Bildung, aber von dubioser Herkunft und ausgeprägter Gewalttätigkeit. Roosevelt hieß in Wahrheit »Rosenfeld«. Harry S. Truman, Begründer der Nachkriegsordnung (UN, Weltwährungsfonds, Freihandelssystem GATT, NATO), war ein Herrenausstatter, Eisenhower, der Millionen von Soldaten in den

Sieg gegen die Totalitären geführt hatte, ein tumber Militär. Lyndon B. Johnson, dem Amerika seine historische Rassengesetzgebung verdankt (*Civil Rights Act, Voting Rights Act*), war ein Kriegsverbrecher. Gerald Ford, der 22 Jahre lang im Kongress gesessen hatte, war ein Provinzpolitiker. Carter blieb trotz seines Nuklearphysik-Abschlusses ein Erdnussfarmer, Reagan ein zweitklassiger Schauspieler, den 35 Millionen Kalifornier in einem Daueranfall geistiger Umnachtung gleich zweimal zum Gouverneur gewählt hatten. Clinton schändete Praktikantinnen und → **Bush** ... siehe Stichwort. Kennedy war cool, aber er hat wegen Kuba fast den dritten Weltkrieg angezettelt und nichts gegen die Berliner Mauer unternommen. Der ältere Bush war okay, aber verantwortlich für die Existenz des jüngeren. jj

Prekariat

Marx sprach im *Kommunistischen Manifest* von 1848 noch von »Lumpenproletariat«, einer unter dem Proletariat stehenden, nicht »klassenbewussten« (in seinen Augen eher asozialen) Bevölkerungsschicht. Das waren Sesshafte und wandernde Bettler, Obdachlose, Prostituierte, Zuhälter, Lumpensammler, Taschendiebe, Lastenträger, Scherenschleifer, Kesselflicker, Vagabunden, Glücksspieler, Gauner und Gaukler.

158 Jahre später kreierte die Friedrich-Ebert-Stiftung der SPD den Begriff »Prekariat«, eine Umschreibung für Menschen in prekärer Lage, die sich damit abgefunden hätten, den sozialen Aufstieg nicht zu schaffen. Vorher schon war gelegentlich von *bildungsfernen Schichten* die Rede, für die das

»Unterschichtenfernsehen« (Harald Schmidt) erfunden wurde, damit sie von morgens bis abends beschäftigt sind und keine Revolution anzetteln. Das Prekariat besteht zum größten Teil aus Menschen, die lieber *RTL2* als *ARTE* schauen, Konzerte von Wolfgang Petry besuchen und Shakespeare für eine Biersorte halten. Im Herbst 2006 wurde die Frage »Was tun mit dem Prekariat?« eine Woche lang heftig diskutiert – und verschwand dann von der Tagesordnung. hb

Profit

Belohnung eines Selbstständigen oder eines Unternehmens für erfolgreiches Wirtschaften. Tatsächlich: Kampfbegriff von Gegnern der Marktwirtschaft, denen »Gewinn« zu neutral klingt. Nach dieser Lesart unterscheidet sich Profit vom Gehalt eines Angestellten dadurch, dass er nur auf Kosten ebendieser erzielt werden kann. Also: Wer Profit macht, nimmt anderen etwas weg. Dass sämtliche Gehälter – auch die der Staatsangestellten – aus Profiten bezahlt werden, die von anderen erzielt wurden, wird vergessen. Außerdem: Wem nimmt eigentlich derjenige etwas weg, der einen Apfelbaum pflanzt und anschließend die Äpfel verkauft? max

Prozess

Beliebte Methode, um Konflikten auszuweichen und ein Problem auf die lange Bank zu schieben. Früher machte man kurzen Prozess, heute macht man langen Prozess. Europas Bürger lehnen die EU-Verfassung ab? Das ist kein Fehlschlag, sondern Teil des »Verfassungsgebungsprozesses«. Europa gibt sich also keine Verfassung, sondern begnügt sich mit dem dauerhaften Versuch, eine solche zu finden. Der Prozess endet erst dann, wenn die Parteien ermatten oder der Lauf der Welt ganz andere Fakten schafft. Beim »prozessualen Vorgehen« tritt die Suche nach einer Lösung an die Stelle der Lösung selbst. max

Q

Querdenker

Einer aus dem anderen politischen Lager, der so denkt wie wir. Er denkt also nicht quer, sondern korrekt. jj

R

Recht auf

Kämpferischer Begriff zur Erlangung von Privilegien. Traditionell wurden Rechte eher negativ – als »Schutz vor/gegen« definiert. Was heute im rhetorischen Gewand eines »Rechtes auf« daherkommt, hat meist keine Schutzfunktion mehr, sondern formuliert ein Anrecht, eine Forderung gegenüber anderen. Und so kommen wir zum Recht auf Arbeit, Abitur und einen Internetanschluss. max

Rechts

In Deutschland keine salonfähige Kategorie des politischen Wettbewerbs. Rechts ist bestenfalls dumm, aber eigentlich gefährlich. Denn der Feind steht rechts. Und Feinde sind überall. Rechts sind Skinheads und Neonazis (»Die Polizei stoppte den Aufmarsch der Rechten«). Rechts sind aber auch alle, die konventionellen Gewissheiten widersprechen: konservative Abtreibungsgegner, liberale Ökonomen, Wissenschaftler, die an der → **Klimakatastrophe** zu zweifeln wagen.

Rechts

Wer die Befreiung des Irak richtig findet, steht rechts, ebenso einer, der ➔ **Verständnis** dafür hat, dass Israelis sich bedroht fühlen.

Die Rechten sind also alle gleich, ob Ausländerhasser oder Atomkraftbefürworter, Marktwirtschaftler oder Nazis. Das Allensbacher Institut für Demoskopie hat im Jahr 2004 ermittelt, wie erfolgreich der Begriff »rechts« inzwischen diskreditiert wurde. Wenn Bundesbürger das Wort »rechts« hören, dann denken sie vor allem an »radikal« (71 Prozent), »gewalttätig« (67 Prozent), »Bedrohung« (63 Prozent) und »Dummheit« (50 Prozent). Selbst Politiker der Unionsparteien geben das Etikett »rechts« unauffällig an der Garderobe ab.

Nun könnte man darauf hinweisen, dass ➔ **links** im historischen Zusammenhang den Wert der Gleichheit in den Vordergrund stellt, während man »rechts« individuelle, soziale und kulturelle Eigentümlichkeiten bewahrt sehen möchte. Es geht also nicht um gut und böse, sondern um konkurrierende Weltsichten. Dies führt zu einem Déjà-vu-Erlebnis der umgekehrten Art. Wer in den Sechziger- und Siebzigerjahren jung und links war, bekam stets zu hören: »Geh doch nach drüben!« Er konterte zumeist mit einem kleinen Vortrag über den Unterschied zwischen realem und wahrem ➔ **Sozialismus**, führte geduldig aus, dass Stalin Tausende aufrechter Linker ermordet hatte, Ulbricht jeden Ansatz von demokratischem Sozialismus unterdrückte. Links zu sein, so wurde der Gegner aufgeklärt, hieße keinesfalls, totalitäre Regime zu rechtfertigen. Doch Differenzierung half nichts. Links war im Osten hinter der Mauer. mm

Reform

Schaffte es in nur zwei Jahrzehnten vom Hoffnungsversprechen zur Schreckensvokabel. Reform klang mal nach »mehr Demokratie wagen«, Forschritt, Wachstum und »Modell Deutschland«. Es war das Lieblingswort von Sozialdemokraten und Gewerkschaftern. Heute scheitern Reformen an der Beharrungskraft der Reformatoren von einst. mm

Respekt

Wenn man Klitorisbeschneidung als Weltkulturerbe betrachtet. mm

Risiko

Ist immer und überall zu vermeiden. Es lauert in Mobiltelefonen und Gentechniktomaten, im Castortransport und in der Butter. Leider wird dabei ein Hilfsmittel ausgeblendet, das bei der Einschätzung von Risiken unabdingbar ist: die Statistik. Worüber man sich Sorgen machen muss, entscheidet der Hysteriepegel der Woche. Dessen Höhe hängt von der Exotik der Gefahr ab. Rauchen, Alkohol, Übergewicht und Autofahren bringen zwar Hunderttausende um, sind aber irgendwie »eingepreist«. Auch Ertrinken in der Badewanne (60 Tote pro Jahr) oder Ersticken an Fischgräten (800 Tote pro Jahr) sind nicht sexy. Rinderwahnsinn, Kindermörder und Kampfhunde haben schon besseres Schlagzeilenpotenzial. Noch stärkere Gefühle produzieren neue Technologien. Je theoretischer das Risiko, desto panischer die Stimmung. mm

S

Sanft

Sprachliche Beruhigungspille. Wir lieben: sanfte Medizin, sanfte Chemie, sanften Tourismus. PS und Newtonmeter sind nicht sanft. Sanft ist alles, was mit der Sonne zu tun hat: Solarmobile, Solaruhren, Solarkocher. Einzige Ausnahme: Sonnenbänke. Die machen nicht grün, sondern braun, und funktionieren außerdem elektrisch. Womöglich kommt die Bräune direkt aus dem Atomkraftwerk.

Sanft sind Windräder, Wasserkraft, Biogas, Holzhackschnitzel, die Eisenbahn und die Straßenbahn sowie alles, was aus Holz, Jute, Stroh oder Leinen gefertigt wird. Das Gegenteil von sanfter Technik ist »kalte Technik«. Manchmal ist es auch hart, etwa bei der harten Chemie. Chlor beispielsweise ist sanft, solange es zur Herstellung von Solarzellen benötigt wird. Wird dieses Chlor dann eine Halle weitergeleitet und zur Herstellung des Kunststoffes PVC herangezogen, mutiert es zum Teufelszeug.

Dazu gehören auch Kunstdünger und Insektenvernichtungsmittel, medizinische Apparate und Pillen, Kunststoffe und Gentechnik, Flugzeuge und Transrapid, Autos und Hollandtomaten, Dosen und Plastikgabeln, Beton und Aluminium. Und alles, was mit Erdöl zu tun hat, etwa texanische ➔ **Cowboys**. Lediglich Sadomasostudios mit Streckbänken und Mundknebel erfreuen sich gestiegener ➔ **Toleranz**, sozusagen Abu Ghraib als Funpark. Der Berliner Bürgermeister Klaus Wowereit schrieb in seinem Grußwort zum Sadomasostraßenfest »Folsom Europe«, dieses stehe im Zeichen von »Lebensfreude pur«. Berlins Bürgermeister erhoffte sich von der Veranstaltung, dass »Skepsis und Vorbehalte einem freundlichen Miteinander weichen«. Die Partymacher werben dazu mit der Abbildung eines Mannes in Lederunterhosen und Gasmaske, der an ein Pinkelbecken gekettet ist. max

Sanfte Medizin
Nebliges Biotop, in dem sich Hypochonder vermehren. Die zweitgrößte Hotelstadt Frankreichs nach Paris heißt Lourdes. Viele Millionen Menschen pilgern in der Hoffnung auf Heilung in den Wallfahrtsort am Fuß der Pyrenäen. Glauben kann helfen und sogar heilen. Die Kirche hält sich in Sachen Wunder dennoch vornehm zurück und legt großen Wert darauf, medizinische und geistige Aspekte zu trennen.

Die Skepsis der Kirche ist nicht verwunderlich. Eine Gesellschaft, die sich scharenweise von der Kirche verabschiedet, kehrt ausgerechnet in medizinischen Belangen zum reinen Glauben zurück. Wunderheiler und Gurus, die sich früher in der Esoterikecke tummelten, geben heute mit positiv besetzten Begriffen wie »➔ **Ganzheitliche** Heilkunde« und »Sanfte

Medizin« den Ton an. Therapien, die auf Wissenschaft, Logik und wiederholbaren Versuchen beruhen, werden selbst von ihren Verfechtern inzwischen als herzlose »Schulmedizin« von gestern etikettiert.
Die Anthroposophische Medizin gehört zu den erfolgreichsten Strömungen. Sie geht auf Rudolf Steiner zurück, einen Guru des frühen 20. Jahrhunderts, der überzeugt war, dass die Welt voller Geisterwesen stecke. Von ihm stammt die Erkenntnis, dass Kühe bessere Milch geben, wenn ihnen der Mond aufs Hinterteil scheint. Auch seine Heilkunde basiert nicht auf nachvollziehbaren Experimenten. Ähnlich bei der ➔ **Homöopathie**: Sie stammt von Samuel Hahnemann (1755–1843) und wurde seither im Kern nicht erneuert. Hahnemann'sche Heilsubstanzen werden mit Wasser verdünnt, und zwar in solchen Mengen, dass am Ende nicht mal mehr Moleküle enthalten sind. Angeblich entfaltet sich aber der Geist des Stoffes. Die Mehrheit der Deutschen glaubt laut Allensbach an solche Mysterien. mm

Sensibilisieren
Lieblingsbeschäftigung von Volkspädagogen. Der Mensch neigt zur Sorglosigkeit, er fliegt in den Urlaub, fährt Auto, isst und trinkt, und manchmal raucht er sogar. Außerdem kauft er überflüssigen Tand, macht Schulden und hält die NPD für einen Haufen von nicht ernst zu nehmenden Knallköpfen. Er weiß also nicht, welche Gefahren auf ihn lauern. Und deshalb muss er pausenlos sensibilisiert werden, damit er sein frevelhaftes Dasein umkrempelt. Der Aufdruck »Rauchen tötet« ist mittlerweile fast größer als die Zigarettenschachtel,

genauso wie die Schar der hauptamtlichen Sensibilisierer allmählich die der Unsensibilisierten übertrifft. max

Sensibilisierung

Fürsorgliche Form des Umerziehungslagers, in welchem dem Patienten (früher: Abweichler) das korrekte Bewusstsein beigebracht wird. Zentraler Bestandteil der Therapie ist die Selbstkritik in größerer Runde (bei präpubertierenden Buben: die regelmäßige Verabreichung von Ritalin). Als geheilt gilt, wer die Begriffe in diesem Buch korrekt verwendet. jj

Sex

Ein Wort, das bei Google am häufigsten auf Arabisch abgefragt wird. mm

Sex in der Ehe

Eines der letzten großen → **Tabus** der Gesellschaft, weitgehend unerforscht, dennoch voller Überraschungen. Nach einer repräsentativen Umfrage, die von einem deutschen Kondomhersteller in Auftrag gegeben wurde, sind mehr Männer als Frauen mit ihrem ehelichen Sexleben zufrieden. Während die Männer ganze vier Minuten brauchen, um im ehelichen Umgang zum Höhepunkt zu kommen, sind es bei den Frauen immerhin elf Minuten. Kein Wunder, dass fast die Hälfte der befragten Frauen angab, einen Kaffeeklatsch mit einer Freundin der primären Begegnung mit dem eigenen Mann vorzuziehen. hb

Sexismus
Eine politische Kampfvokabel aus Amerika, der Benachteiligung von Menschen aufgrund ihres Geschlechts bedeutet. Wird hierzulande aber fast immer als Synonym für Schweinkram benutzt. mm

Sinnloser Krieg
Untrennbares Wortpaar. Im Deutschen haftet das Adjektiv »sinnlos« am Hauptwort »Krieg« wie Kaugummi an der Schuhsohle. Egal, ob Troja, Waterloo oder Afghanistan: sinnloses Blutvergießen allerorten. Einzig die Hermannsschlacht findet noch Anerkennung, weil sie den germanischen → **Wald** vor den rodenden Römern bewahrte. Wer militärisches Eingreifen rechtfertigt, könnte ebenso gut ein Verbot der Bundesliga befürworten. Das ist kein Wunder in einem Land, wo das kollektive Gedächtnis von zwei speziellen Kriegen besessen ist. In dem einen erschlugen die Katholischen 30 Jahre lang die Evangelischen und umgekehrt. Der andere wurde mit dem Ziel geführt, die Bevölkerung Europas zu versklaven oder auszurotten – was in einem Bombenhagel auf deutsche Städte endete. Schlimmeres als diese Kriege kann man sich tatsächlich schwer vorstellen. Die Erfahrung, dass Krieg in Niederlage und Desaster endet, hat sich fest in die deutsche Seele eingraviert und wird mit pädagogischer Inbrunst in die Welt getragen. Dort draußen wohnen jedoch hartnäckige Lernverweigerer, die es ablehnen, die richtigen Konsequenzen aus dem Dreißigjährigen Krieg oder dem Zweiten Weltkrieg zu ziehen. Die Engländer halten ihr Wirken von 1939 bis 1945 durchaus nicht für sinnlos. Die Israelis

sind beharrlich der Meinung, dass es richtig war, durch Kriege die Existenz ihres Landes zu retten. Und die Bewohner der Falklandinseln sind immer noch heilfroh, dass ein Krieg sie vor der argentinischen Junta-Diktatur bewahrt hat. Sie alle leiden an einer Illusion namens »Freiheit«, die sich doch immer als Scheinfreiheit erweist. mm

Small is beautiful

Lebensphilosophie der Hobbits. In einer Fernsehumfrage wählten die Deutschen *Der Herr der Ringe* zu ihrem Lieblingsbuch. Damit würdigten sie nicht nur die schriftstellerische Kunst J. R. R. Tolkiens, sondern auch ihre eigene Gefühlslage. Ein Großteil der Gesellschaft würde gern in der pastoralen Idylle der Hobbits leben, umgeben von Windmühlen und ländlicher Kleintechnologie. Fernab von Mordor, dem Spiegelbild der westlichen Industriegesellschaft, wo böse Magier die ➔ **Natur** herausfordern. Nur keine Risiken eingehen, mit Ausnahme von Tempo 250 auf der Autobahn. Das Land des Wirtschaftswunders, das Land der Erfinder und Gründer wurde zum Hobbitland.

Das Lebensgefühl der germanischen Hobbits wurzelt auf einer Weltsicht, die gekennzeichnet ist durch niedrige Erwartungen, stetige Betonung der Grenzen, Verklärung der Vergangenheit, Idealisierung der Natur und Misstrauen gegenüber dem ➔ **Markt**. Deshalb klingt das Wort ➔ **Reform** so bedrohlich wie die Titelmusik zu »Der weiße Hai«. Doch jenseits der Fachwerkhäuser und Windräder wogt eine rastlose, quicklebendige Welt. Dort erobern die Armen von gestern die Märkte von heute. Getreu dem Motto: Small is stupid. max

Sozial- oder Lohndumping
Passiert, wenn wir Arbeitern aus den neuen EU-Ländern erlauben, hier für weniger Lohn länger und härter zu arbeiten, um so am Reichtum des alten Europas zu partizipieren. jj

Soziale Gerechtigkeit
1. Das richtige Prinzip, wonach der → **Staat** jenen helfen muss, die sich nicht selber helfen können oder unverschuldet in Not geraten sind. **2.** Umschreibung eines gesellschaftlichen Status quo, der zwei Prinzipien gehorcht. Erstens: Es darf sich nichts ändern. Zweitens: Wenn Wandel unvermeidlich wird, müssen die Verlierer so großzügig entschädigt werden, dass ihnen die Anpassung erspart bleibt. **3.** Maxime von Wohltätern, die den einen etwas wegnehmen wollen, um es den anderen zu geben und so ganz nebenbei ihren gesellschaftlichen Einfluss sowie ihren Ruhm zu stärken, ohne selbst Opfer zu bringen. jj

Sozialer Brennpunkt
Früher als »Nachtjackenviertel« bekannt; die Menschen gingen in Pyjamas spazieren und oder hingen paarweise stundenlang im Fenster und schauten auf die Straße, wo nichts passierte. Heute ist es eine Gegend mit einem hohen Anteil von Menschen mit → **Migrationshintergrund** und einem noch höheren Anteil an Sozialarbeitern, die sich um die Menschen mit Migrationshintergrund kümmern. Die Polizei überlegt es sich zweimal, bevor sie sich an einem sozialen Brennpunkt sehen läßt, allein ihre Präsenz könnte schon

provozieren. Deswegen wurde für soziale Brennpunkte das sogenannte »Quartiersmanagement« erfunden, eine Art Selbstverwaltung auf Kosten der Stadt.
An der Situation der sozialen Brennpunkte ändert sich dadurch nichts, dafür ist »Quartiersmanager« ein beliebtes Berufsziel – gleich nach Eventmanager und Insolvenzverwalter. hb

Soziale Schere

Vulgär-soziologische Metapher für den angeblich wachsenden Unterschied zwischen Arm und Reich. Soll die Schere geschlossen werden, kann dies nur von zentraler, sprich staatlicher Hand geschehen. Lieblingsvokabel aller Opferanwälte. max

Sozialer Frieden

Informelle Verschwörung von Gewerkschaften, Arbeitgebern und → **Staat**, die wie folgt abläuft: Gewerkschaften erzwingen Lohnsteigerungen, die über dem Produktivitätszuwachs liegen. Folglich entlassen die Chefs einen Teil ihrer Leute, um statt ihrer Maschinen zu installieren, welche die Produktionskosten senken. Oder sie verlagern Jobs ins billigere Ausland. Die Arbeitslosen (2006: zehn bis zwölf Prozent) werden mit staatlichen Zuwendungen ruhig gestellt, was höhere Steuern und/oder Sozialabgaben erfordert und wiederum neue Arbeitslosigkeit erzeugt. Diesen perversen Kreislauf nennen wir »sozialen Frieden«. jj

Sozialismus
Wiedergänger-Ideologie. Als im November 1989 die Berliner Mauer fiel, dachten fast alle Kommentatoren von Tokio bis Toronto, das Thema Sozialismus hätte sich für alle Zukunft erledigt. Aber der Weltgeist hatte nur eine kurze Pause eingelegt. Eine Dekade später marschieren Attac-Anhänger durch europäische Hauptstädte, fahren südamerikanische Linkspopulisten und deutsche Retromarxisten Wahlsiege ein, wird → **Michael Moore** zum Star und das Che-Guevara-T-Shirt zum trendigen Accessoire. Besonders lebendig ist der **S.** in Deutschland, wie eine Infratest-Umfrage vom August 2005 eindrucksvoll belegt. Das Institut fragte 1000 Deutsche, was sie von folgender Aussage hielten: »Der Sozialismus ist eine gute Idee, die bislang nur schlecht ausgeführt worden ist.« 56 Prozent unserer Mitbürger im Westen und 66 Prozent im Osten stimmten dem zu. Waren denn zwei deutsche Sozialismen nicht genug? Außerdem waren 67 Prozent der Befragten im Westen und 63 Prozent im Osten der Meinung: »Es muss einen dritten Weg zwischen → **Kapitalismus** und Sozialismus geben.« Fast zwei Drittel unserer Landsleute wollen also am liebsten wieder eine Form des Sozialismus oder zumindest eine Sozialismusmixtur ausprobieren. Da sage noch einer, die Deutschen hätten keinen Humor. mm

Spannend
Wer in einer Streitfrage keine Position beziehen will oder schlicht keine hat, der sollte von einer »spannenden Auseinandersetzung« reden. Klingt aufgeschlossen und vernebelt die Beliebigkeit der eigenen Haltung. max

Spießer

Projektionsfläche für Neospießer. Jede Zeit hat die Spießer, die sie verdient. Das Kaiserreich hatte Diederich Heßling und die Adenauerzeit den von Heinz Erhard dargestellten Wirtschaftswunderpapa. Und jede Zeit amüsiert sich gern über die Spießer von gestern. Die Spießer von heute entdecken überall die alten Kleingärtner, Reihenhausbesitzer und Hausmeister. Der Neospießer trägt rasierten Kahlkopf, Rastazöpfe oder Arafat-Tuch. Den Einkauf auf dem → **Bio-Markt** mit dem Intelligenzblatt unterm Arm zelebriert er wie der Altspießer das Autowaschen am Samstag. In Genderbewusstsein, Friedensliebe, Ausländerfreundlichkeit und Ökosensibilität hat er sich so behaglich eingerichtet, wie es Opa hinterm deutschnationalen Gartenzaun tat.
Die Künstlergruppe Fluxus zersägte 1962 als Gipfel avantgardistischer Provokation ein Klavier, um die Spießer zu provozieren. Heute muss einer Leichen zersägen, um das Feuilleton zu beunruhigen. Der Bürgerschreck wurde zum netten Revoluzzer von nebenan, der beim multikulturellen Straßenfest die Brathähnchen kreuzigt, aber ansonsten pünktlich seinen Beitrag an die Künstlersozialkasse überweist. Das Ziel ist es, dem pensionierten Hausmeister das Pepitahütchen hochgehen zu lassen. Doch der Hausmeister trägt kein Pepitahütchen mehr – er ist tätowiert und gepierct. mm

Spirale der Gewalt

Ein seltsames Naturphänomen, das nur noch mit Tornados zu vergleichen ist. Setzt sich immer dann in Bewegung, nachdem »Widerstandskämpfer« einen Bus in die Luft gejagt oder eine Ferienanlage überfallen haben. Dann heißt es: Ruhe bewahren, nicht die Nerven verlieren, am besten nichts unternehmen und nicht reagieren, um die Spirale der Gewalt nicht anzukurbeln. Die Terroristen könnten böse werden und zurückschlagen. hb

Staat

1. Institutionell verfasstes politisches Gemeinwesen, das innerhalb seines Territoriums über die oberste Regelungsgewalt verfügt. **2.** *Der Staat* (oder auch: *Politeia*): Hauptwerk Platons. **3.** Inbegriff der Notwendigkeit. Er zügelt den ➔ **Kapitalismus**, zähmt den ➔ **Markt,** bremst die Gier des Einzelnen, fördert die Subventionskultur sowie die ➔ **vom Staat getragene Klasse** und nimmt dem Bürger die Daseinsvorsorge sowie alle anderen Risiken ab, bedient aber nie die eigenen Interessen. Deshalb hat er sich in Deutschland nur unter Schmerzen ständig ausgeweitet. Vor 60 Jahren kassierte er ein Viertel des Bruttoinlandsprodukts, heute ist es knapp die Hälfte. Das tut er allerdings nicht in böser Absicht, sondern mit der Zustimmung der Regierten, die allzeit bereit sind, ihre Kosten zu sozialisieren und ihre Gewinne zu privatisieren. Dass diese Rechnung nicht aufgeht, merken sie bei der nächsten Steuer- und Abgabenerhöhung. jj

Staatstragende Klasse

Die gibt es nicht mehr, weil die Aristokratie entmachtet ist, das Militär so viel Sozialstatus genießt wie das Postamt und das Großbürgertum von Funktionseliten auf Zeit ersetzt worden ist. An ihre Stelle ist die ➔ **vom Staat getragene Klasse** getreten. Das sind die Millionen jener, die in irgendeiner Form vom ➔ **Staat** alimentiert werden: Lehrer, Professoren, subventionierte Unternehmen, Filmförderungsempfänger, Theater- und Rundfunkintendanten, Windmühlenbetreiber, Sozialarbeiter, Gremien-Besetzer – Beamte und TVöD-(BAT-)Empfänger überhaupt, aber nicht nur (➔ **Industriepolitik**). Von den Zwängen des ➔ **Marktes** befreit, ist es ihr Klasseninteresse, den Staat auszudehnen, der ohnehin schon knapp die Hälfte des Bruttoinlandsprodukts verteilt. Das ist allerdings nicht verwerflich, weil dem gemeinen Bürger Verstand, Geschmack und das richtige Bewusstsein fehlen, um sein Geld selbstbestimmt ausgeben zu können. Was ➔ **Kultur** ist, bestimmen die Kulturschaffenden. jj

Streitkultur

Von Robert Gernhardt in einem Cartoon festgehaltene Form der Auseinandersetzung. Ein Schweinchen sitzt zwischen zwei finster dreinblickenden Schlachtern und sagt: »Aber ja, ich diskutiere gern mit Metzgern.« max

Super-GAU

Vergewaltigung der deutschen Sprache. Schlimmer als »Größter anzunehmender Unfall« geht nicht. jj

Suffizienz-Revolution
Suffizienz heißt Hinlänglichkeit. Und was hinlänglich ist, steht im Ermessen von Greenpeace und dem Wuppertal-Institut. Gemeint ist der ➔ **Verzicht** auf Güter und Konsum. Die Suffizienz-Revolution führt ins Paradies der Bedürfnis- und Besitzlosigkeit. Dort lebt der Mensch auf einem klimageschützten Planeten ohne Autos und Flugzeuge, PVC und Pharmazeutika – umweltverträglich, glücklich und kurz. max

Synergieeffekte
Von Managern gelobte betriebliche Folgewirkungen bei Unternehmenszusammenschlüssen. Sehr gut zu beobachten bei der Hochzeit von Daimler-Benz mit Chrysler. Das Unternehmen war schlagartig doppelt so groß und nur noch halb so viel wert. Die Gehälter des Managements wurden nach oben und die der Arbeiter nach unten angeglichen. Amerikanische Führungskräfte wurden durch deutsche ersetzt, die sich in Stuttgarter Konferenzzimmern jetzt auf Englisch unterhalten. max

T

Tabu

Davon gibt es in der modernen westlichen Welt nur noch drei: Sex mit ➔ **Tieren**, Kindern und der eigenen Ehefrau. hb

Tabubruch

Pose von Konformisten. Ebenso wie das »Querdenken« reklamieren den »Tabubruch« Leute, deren Konformismus nur durch ihren Opportunismus übertroffen wird. Als Tabubrecher gerieren sich die Mölle- und Hohmänner, die uns zuraunen, dass die ➔ **Juden** schon wieder ihre Fäden ziehen. Oder staatlich alimentierte Regisseure, die in ihren langweiligen Stücken mit rebellischem Getöse offene Türen einrennen. Sie wagen Witze über Helmut Kohl und den Papst. Und wenn sie sich als ➔ **Bush**-Gegner outen, flüstern sie, als ob der CIA gleich um die Ecke käme. Denn außer ihnen, so lautet ihre Lieblingsplattitüde, traue sich keiner, das zu sagen. Jeden Tag ein Tabubruch – und sonntags auch mal zwei. mm

Terror

Lehnen wir selbstverständlich ab, weil wir jede Form von ➔ **Gewalt** missbilligen, na ja, nicht jede. Alle großen Revolutionäre, die gegen Unterdrücker und Ausbeuter antraten, waren irgendwie auch »Terroristen«: Lenin, Mao, Castro … Der Begriff »Terror« wird denn auch häufig benutzt, um den gerechten Freiheitskampf der Schwachen zu diskreditieren. Diese Selbstmord-Mörder sprengen doch Schulen und neuerdings auch Moscheen (der jeweils anderen islamischen Glaubensrichtung) in die Luft, weil sie gegen Soldaten nichts ausrichten können. Dass dabei auch Unschuldige draufgehen, ist bedauerlich, aber wie »unschuldig« ist denn ein israelischer Siedler, der die ➔ **Palästinenser** allein kraft seines Da-Seins terrorisiert?

Überhaupt ist die Unschuldsvermutung nicht plausibel, weil jeder sich schuldig macht, der das Unrecht gewähren lässt. Deshalb darf er sich nicht beklagen, wenn er beim Hobeln zu einem der Späne wird, die bekanntlich fallen müssen – auch Leute, die keine Siedler sind, sondern bloß das Pech haben, im falschen Moment im falschen Tel Aviver Café zu sitzen. Da das Ziel des »Terroristen« verständlich ist, müssen wir auch ➔ **Verständnis** für seine Mittel haben. Wer andere und sich selbst in die Luft sprengt, muss so verzweifelt sein, dass er die Unterscheidung zwischen Kombattanten und Nichtkombattanten vor lauter Schmerz nicht mehr sehen kann. Er ist sozusagen blind vor Schmerz. Außerdem haben die Amis Hiroshima verwüstet und die Engländer Dresden. jj

Tiefe
Synonym für Langeweile. Wenn die öffentlichen Ausführungen eines Meinungshabers durch und durch konventionell und *politically correct* sind, wenn sie absolut niemanden stören, keinen neuen Gedanken und keinen Funken Humor enthalten, dann wird ihnen Tiefe bescheinigt. mm

Tiere
Bessere Menschen. mm

Tierrechtler → Veganer

Toleranz (1)
Einst Duldung von Religionen, die der herrschenden Glaubensrichtung nicht in den Kram passten. Der englische *Toleration Act* von 1689 gewährte »Nonkonformisten« wie Baptisten und Kongregationalisten Glaubensfreiheit, aber nicht den Katholiken und Unitariern. Mit dem *Toleranzpatent* von 1781 gab der Habsburger Joseph II. den nichtkatholischen Christen begrenzte Kultusfreiheit, 1782 den → **Juden**. Heute bedeutet Toleranz → **Verständnis** für fremde Sitten und Gebräuche, die im Widerspruch zu den blutig erkämpften Errungenschaften des Westens stehen, als da sind: Gleichheit von Mann und Frau, Trennung von Kirche und → **Staat**, Freiheit von Meinung, Forschung und Glauben, Unabhängigkeit der Rechtsprechung. jj

Toleranz (2)
Großzügiges Geltenlassen der eigenen Überzeugungen und Handlungsweisen. 1950 drohte soziale Ausgrenzung, wenn man ein uneheliches Kind hatte, homosexuell war oder auch nur unflätige Lieder sang. Sind wir seither toleranter geworden? Ja, was die ➔ **Tabus** von damals betrifft. Die ewig entrüstete Anstandstante ist verblichen oder hat beim Rebirthing ihr anderes Ich entdeckt. Die Tabuzonen der Fünfzigerjahre möchte kaum jemand neu errichten (von Islamisten abgesehen).
Die Summe der verpönten Verfehlungen ist aber nicht geringer geworden. Auch der soziale Druck auf die Frevler, die den vorherrschenden Sittenkodex missachten, hat kaum nachgelassen. Wer nach der gängigen Aussehensnorm zu dick ist, wird umgehend von wohlmeinenden Besserwissern umstellt. Wer keinen Sport treibt, raucht und Schweinebraten einem Kressesalat vorzieht, kann sich in gebildeten Kreisen auf Naserümpfen und Kopfschütteln einstellen. Der Kodex ist weniger von der Obrigkeit aufgezwungen, dafür stärker verinnerlicht. Prostituierte, Bigamisten oder Spieler sind gern gesehene Talkshowgäste, aber ein Arzneimittelforscher, der Tierversuche unternimmt, sollte das Studio meiden. Ohnehin ist die moralische Bedeutung der ➔ **Tiere** erheblich gewachsen. Man denke nur an das Couplet des Zsupan in der Strauss-Operette »Der Zigeunerbaron«: »Mein idealer Lebenszweck ist Borstenvieh, ist Schweinespeck!« Welcher Librettist würde sich heute dermaßen mit ➔ **Tierrechtlern** oder ➔ **Veganern** anlegen? Den Gipfel der Verkommenheit kann man einem Titel der Popgruppe »Die Ärzte« entnehmen, der auf maximale Provokation angelegt ist. Auszug:

»Danach zieh ich mir ein Robbensteak rein, auf einem Teller aus Elfenbein, und dann leg ich die Schlampen von Greenpeace flach, eine nach der anderen die ganze Nacht und ich lach.« max

Tourist

Niedere Lebensform, welche die Aussicht auf den Markusplatz verstellt. Sie schlurfen in Shorts und Tennissocken durch gotische Kathedralen, verfolgen in zebragestreiften VW-Bussen entnervte Löwen und vergleichen beim schönsten Sonnenuntergang die Schnäppchenpreise ihrer Digitalkameras. Keiner mag Touristen. »Der Einfall touristischer Horden«, klagte der Schöngeist André Heller, »führt zur Ausrottung des Schönen.« Wie Heuschrecken fallen sie über den Erdball her und begehen in ihrer Vergnügungssucht Umweltfrevel und Kulturschande.
Touristen sind aber immer die anderen. Wir selbst sind Reisende, Globetrotter oder auf Neudeutsch »Traveller«. Die jüngeren und weniger betuchten reisen als »Backpacker« – aber niemals als Touristen. Schon das Wort spricht man mit genüsslicher Verachtung aus. Man spuckt die letzte Silbe, als würde man über ekliges Essen reden. »Tourist« ist wie → **Spießer**: Jeder weiß, es gibt sie, aber niemand würde sich selber zu ihnen zählen. Man meidet Orte, wo einem Touristen die Strandfläche streitig machen. Oder man fährt doch hin, um sich nachher über diese Banausen lustig zu machen. Die Steigerung von »Tourist« ist »deutscher Tourist«. Bei dieser Spezies wird Hässlichkeit, Dummheit, Fremdenfeindlichkeit und schlechter Geschmack vorausgesetzt. So sucht

der bessere Deutsche unermüdlich nach den entlegenen Gefilden, die noch nicht von seinen Landsleuten kontaminiert wurden. Das höchste Prädikat für einen südfranzösischen oder toskanischen Urlaubsort lautet »nicht touristisch«. In Wahrheit gebührt dem Touristen Ehre und Dank. Ohne ihn wäre die Akropolis ein Steinbruch, die Serengeti eine Agrarfläche und Rothenburg ob der Tauber eine Neubausiedlung. Mit seiner Kreditkarte finanziert er gepflegte Strände, Nationalparks und Museen. Er ist der Schutzheilige der Kellner und Fremdenführer, der Denkmalpfleger und Wirte, der Rettungsschwimmer und Wildhüter. mm

Trauerarbeit

Andere Arbeit gibt es in Deutschland nicht mehr. Außer: Annäherungsarbeit, Beziehungsarbeit, Dialogarbeit, Friedensarbeit, Kulturarbeit, Partnerarbeit, Projektarbeit, Verständigungsarbeit. max

Tschernobyl

Gründungsmythos des rot-grünen Projekts. Der Reaktorunfall von Tschernobyl gilt in Deutschland als die bedeutsamste technische Katastrophe des 20. Jahrhunderts und wirkt bis heute als Menetekel gegen technischen Fortschritt. Will man den Aufstieg des grünen Denkens in unserem Land verstehen, muss man sich an 1986 erinnern. Erst nach dem GAU in der Ukraine schwoll die grüne Idee zum beherrschenden Lebensgefühl der deutschen Mittelschicht an. Zwölf Jahre später wurde es in Regierungspolitik umgesetzt.

Die Ängste der Bevölkerung nahmen damals noch rasanter zu als die Auflage der *taz*. Der Sand der Spielplätze wurde abgetragen. Niemand kaufte mehr Milch. Man sah Mütter, die dicke Decken über Kinderwagen legten, um Babys vorm Fallout zu schützen. Andere ließen ihre Kinder gar nicht mehr aus dem Haus. In einer eigens dafür errichteten Anlage wurde für 70 Millionen Mark die so genannte Strahlenmolke dekontaminiert. Niemanden interessierte es, dass sie weniger radioaktiv war, als es manche Lebensmittel von Natur aus sind. Zuvor hatte man das Molkepulver in 242 Eisenbahnwaggons unter Bewachung der Bundeswehr kreuz und quer durchs Land verschoben. Die Regierung Kohl versuchte die Menschen zu beruhigen, ohne den Wahrheitsgehalt der kursierenden Horrorszenarien infrage zu stellen.

Tschernobyl glimmt bis heute tief im Seelenhaushalt aller Deutschen, die vor den Achtzigerjahren geboren wurden. Doch die befürchteten gesundheitlichen Schäden sind hierzulande nicht eingetreten. Die Statistiken zeigen weder einen Anstieg bei Krebserkrankungen noch bei Missbildungen von Neugeborenen. Um die Folgen, die der Atomunfall in der Ukraine, Weißrussland und Russland hatte, tobte noch 20 Jahre danach ein absurder Streit. Im Frühjahr 2006 erklärte Greenpeace, das Tschernobyl-Desaster hätte 93 000 Menschen getötet, die Ärzte für die Verhütung des Atomkriegs (IPPNW) steigerten auf 264000 Tote. Man hat fast den Eindruck, es können gar nicht genug ➔ **Opfer** sein.

Doch die Bilanz, die Ärzte und Wissenschaftler im Auftrag verschiedener UN-Organisationen (IAEO, WHO, UNEP und andere) erstellten, war zwar schrecklich, aber weitaus weniger katastrophal, als von Atomkraftgegnern, Medien und Politikern in Deutschland immer wieder behauptet wird. Außer den 56 Menschen, die im Jahr 2005 bereits an Strahlenschäden gestorben waren, rechnen die UN-Experten mit 4000, die innerhalb von 70 Jahren an durch Radioaktivität verursachten Krebsleiden und anderen Krankheiten sterben werden. Die Prognose basiert auf den Erfahrungen mit Spätfolgen in Hiroshima und Nagasaki. Schlimm genug, doch reflexhaft wurde der UN-Bericht in Deutschland als verharmlosend und von der Atomlobby beeinflusst hingestellt. Weniger Opfer? Nein danke! mm

U

Umstritten

Elegante Form der Herabsetzung oder Distanzierung. Eine Person darf mit dem Zusatz »umstritten« versehen werden, wenn man sie nicht mehr ignorieren kann, ihre Argumente aber eigentlich nicht hören will. max

Umwelt (1)

Ein Raum, in dem es immer → **fünf vor zwölf** ist. Das furchtbarste Szenario ist das wahrscheinlichste. Wenn es noch einmal gut ging, kommt es beim nächsten Mal umso schlimmer. Wer lebt, schadet der Umwelt, denn der Mensch ist das Krebsgeschwür des Globus. Vor seinem Auftauchen war der Planet eine friedliche Idylle. Was immer du auch kaufst, benutzt oder verbrauchst: Es schadet der Umwelt. mm

Umwelt (2)
Amerikanischer Autosticker, circa 1975: »Save the Planet – Kill Yourself!« jj

Universität, deutsche
Informelles Steuerungsinstrument für einen maroden Arbeitsmarkt, das junge Menschen möglichst lange von demselben fernhält. Einst war die deutsche Universität Modell für den Rest der Welt, weil sie das Prinzip »Lehre aus Forschung« erfand; ➔ **Harvards** Graduate School of Arts and Sciences, die Universitäten von Chicago und Tokio, Stanford und Johns Hopkins wurden nach diesem Modell gegründet. Heute befindet sich unter den Top 50 der Welt keine deutsche Hochschule. Die Ursachen lauten »1933« und »1968«. In dem einen Fall wurde der Geist vertrieben, in dem anderen vergessen – Letzteres im Namen der Gleichheit, die so unabdingbar im Politischen wie absurd im Universitären ist. Denn ohne Auswahl, Wettbewerb und ➔ **Leistungsdruck** keine Hochleistung. In Deutschland gibt es (prozentual) weniger Hochschulabschlüsse als in den angloamerikanischen und skandinavischen Ländern; dafür entstammen 80 bis 85 Prozent der Absolventen der Mittel- und Oberschicht, es gibt also weder Exzellenz noch Egalität. jj

Unverhältnismäßig
So agiert Israel grundsätzlich, wenn es sich seiner Feinde zu erwehren versucht. Nicht zu verwechseln mit »Auge um Auge, Zahn um Zahn«, mit dem die besondere Rachsüchtig-

keit des Jahwe belegt wird, obwohl das ein hübscher moralischer Fortschritt in Nahost war, wo weiland das höchst unverhältnismäßige Prinzip des »Auge/Zahn um Leben« galt – ähnlich wie noch heute in besonders strenggläubigen islamischen Ländern, wo Diebstahl mit Handamputation und Ehebruch mit Steinigung bestraft wird. Unverhältnismäßig ist es, wenn die Israelis im Libanonkrieg '06 Stellungen und Raketendepots der Hisbollah angreifen, die bewusst in zivilen Wohngebieten untergebracht werden. Unverhältnismäßig ist der Angriff auch dann, wenn die Israelis vorher Flugblätter abwerfen, welche die Zivilen auffordern, sich in Sicherheit zu bringen, obwohl die Armee so den Vorteil der taktischen Überraschung verliert. Verhältnismäßig ist es dagegen, wenn die Israelis seit 2000, seit ihrem Abzug aus dem Südlibanon, 901 Ziviltote durch Raketenbeschuss hinnehmen und in der Gegenwehr 1375 Hisbollahi töten. jj

V

Väter sind Täter
Feministischer Beitrag zur Familienpolitik. jj

Veganer
Menschen, die → **Tiere** als Mitbürger betrachten. Deshalb dürfen Nichtveganer nicht ihre Mitbürger essen, auf ihnen reiten oder sich deren Köpfe an die Wand hängen. Aus veganer Sicht wird Fleisch durch Mord, Käse durch Folter und Honig durch Diebstahl gewonnen. In den Worten von Ingrid Newkirk, Gründerin und Chefin von PETA (*People for the Ethical Treatment of Animals*): »Es gibt keinen vernünftigen Grund zu glauben, dass ein menschliches Wesen besondere Rechte hat. Eine Ratte ist ein Schwein ist ein Hund ist ein Junge. Sie sind alle Säugetiere.« Ob auch Stechmücken und anderes lästiges Kleingetier Rechte besitzen, ist unter den verschiedenen Fraktionen der Bewegung umstritten. Wie die meisten Gläubigen betrachten Veganer sich und ihre Lehre als den Gipfelpunkt einer ethischen Entwicklung, die mit dem Ende der Sklaverei ihren Anfang nahm.

Das Wort »vegan« ist eine Abwandlung von »vegetarisch«. Doch anders als Vegetarier ernähren sich Veganer nicht nur fleischlos, sondern lehnen jegliche Tierprodukte ab. Veganer sind davon überzeugt, dass Perlenketten durch Raubmord an Austern gewonnen werden, dass Reitpferde bedauernswerte Sklaven sind und Zoos Zuchthäuser. Landwirtschaftliche Tierhaltung ist aus ihrer Sicht durch nichts zu rechtfertigen und befindet sich moralisch auf einer Stufe mit NS-Konzentrationslagern.
Über Vegetarier denken Veganer so ähnlich wie Kommunisten über Sozialdemokraten: Üble Kompromissler, die im Grunde schlimmer sind als Metzger, weil sie die reine Lehre besudeln (wer Milch trinkt, unterstützt Kuh-Folter). Der Veganismus begann seine rasante Karriere in den Achtzigerjahren des 20. Jahrhunderts zunächst in Großbritannien und den USA und griff dann auf die anderen reichen Industrieländer über. Veganer in Entwicklungsländern gibt es kaum (dafür gibt es dort viele Menschen, die gern mehr Fleisch essen würden). mm

Verdummung

Der übliche pädagogische Warnhinweis auf allen neuen Erzählformen und technischen Verbreitungsmöglichkeiten. mm

Verfall der Werte

Der Longseller aller Kulturpessimisten. »Die Jugend liebt heute den Luxus. Sie hat schlechte Manieren, verachtet die

Autorität, hat keinen Respekt vor den älteren Leuten und schwatzt, wo sie arbeiten sollte. Die jungen Leute widersprechen ihren Eltern, schwadronieren in der Gesellschaft, verschlingen bei Tisch Süßspeisen, legen die Beine übereinander und tyrannisieren ihre Lehrer.« So klang es bei Sokrates vor knapp 2500 Jahren. Der Text wurde seither zum Dauerbrenner aller Kulturpessimisten: »In unserer Jugend regierte noch Tugend, doch von da an ging's bergab.« Mit dem Verfall des eigenen Körpers, den jeder alternde Mensch verkraften muss, nehmen viele einen Verfall der Werte wahr. Was sagt die Geschichte dazu?

Grausamkeit als öffentliche Belustigung ist – außer in einigen islamischen Staaten – fast überall abgeschafft. Für die Römer war es ein Volksvergnügen zuzusehen, wie Menschen und ➔ **Tiere** in der Zirkusarena abgeschlachtet wurden. Im 16. Jahrhundert war öffentliche Folter in Europa populär, und öffentlich hingerichtet wurde noch bis ins 19. Jahrhundert. Heute gibt es zwar Splatter-Movies und grausige Videospiele, doch darin werden mit maskenbildnerischen oder digitalen Werkzeugen Grausamkeiten bloß simuliert. Und die größten Volksvergnügen – Fußball und Popkonzerte – sind meistens friedlich. In den beiden Weltkriegen war es noch allgemein akzeptiert, dass an einem einzigen Tag Soldaten zu Tausenden hingemäht wurden. Heute berichten die Medien über den Tod einzelner Soldaten. Und wenn Zivilisten zu Schaden kommen, wird dies als Schande für die eigene Seite empfunden. Ja, sogar über die Unterbringung und Behandlung der schlimmsten Feinde macht man sich Sorgen.

Solche Phänomene des Mitgefühls passen kaum zur These vom Werteverfall. Dass in der westlichen Welt Frauen, Dunkelhäutige, Andersgläubige, Behinderte und Menschen mit abweichender Sexualität nur noch von einem Häuflein von Extremisten für minderwertig gehalten werden, spricht ebenfalls nicht für einen ethischen Niedergang. Ältere Herrschaften grollen vornehmlich gegen Comedy-Klamauk, Anglizismen, Kirchenaustritte oder Schwulenehe. Oder auch gegen die Sesamstraße, die ein Leserbriefschreiber der *Welt* als Zentrale des Sittenverfalls ausgemacht hat. Er schrieb (im Ernst): »Ich habe bei der Betrachtung von Figuren aus der ›Sesamstraße‹ schon vor Jahrzehnten vor Zorn gebebt. Den zarten Kinderseelen … wurde das Unästhetische als das Normale vorgeführt … Das Krümelmonster hat die Esssitten verdorben.« (8.12.2005) Doch die größten Schandtaten in der Geschichte wurden nicht von dekadenten Hedonisten begangen, sondern von frommen Eiferern, welche die Welt vom Schmutz der verfallenen Sitten reinigen wollten. mm

Verständnis

Abwehrreflex gegen unangenehme Tatsachen. Wir verstehen alles. Amokläufer sind → **Opfer** von Gewaltvideos und Computerspielen. Wer die Passagiere eines Linienbusses in Fetzen sprengt, outet sich als Opfer einer ungerechten Besatzungspolitik. Wenn einer ein Flugzeug in ein Hochhaus steuert, ist das die Folge von → **Armut** und kultureller Entfremdung. Selbst unter freigelassenen Geiseln gehört es zum guten Ton, sich bei ihren Kidnappern für die gute Behandlung zu bedanken. Um dann die Faktoren aufzuzählen, die Schuld und Mitschuld an ihrer Entführung hatten – außer den Entführern natürlich. Sollten die Banditen einer fremden → **Kultur** angehören, lobt man auch gern ihre »Gastfreundschaft« und ihre »Ehrenhaftigkeit«. Mit Ausnahme von Vergewaltigung, Kindesmord und Kindesmissbrauch spielt die öffentliche Begleitmusik das Lied vom bedauernswerten Täter, der das eigentliche Opfer sei, weil er schlechte Eltern hatte, im Sandkasten gehänselt wurde oder sich gegen die Überlegenheit der Ungläubigen, Christen und → **Juden** wehren musste. Öffnen wir unser weites Herz: Mao war ein sensibler Dichter, Radovan Karadžić Schriftsteller und der Exkoch Idi Amin der verkannte Witzigmann Ugandas. Und hätte die Wiener Kunstakademie den jungen Adolf nicht abgewiesen, hätte der auch nicht so schlechte Laune bekommen. mm

Verzicht
Die einzige moralisch erlaubte Antwort auf alle Zukunftsfragen. mm

Völkerrechtlich unakzeptabel
Einlassung der Enwicklungsministerin Wieczorek-Zeul zum Libanonkrieg ’06. Damit meinte sie nicht den Dauerbruch des Völkerrechts durch Hisbollah, deren Strategie gegen Israel sich dadurch auszeichnet, dass sie

- Truppen und Gerät in zivilen Wohngebieten versteckt (verboten)
- über die Grenze hinweg Zivilisten in Nordisrael mit ihren Raketen mordet (verboten)
- auf israelischem Gebiet Menschen entführt (verboten)
- ihre Raketensprengköpfe mit Stahlkugeln füllt, die allein

die Funktion haben, so viele Zivilisten wie möglich umzubringen (ebenso verboten wie Dumdum-Geschosse). Gemeint war der israelische Versuch, die militärische Infrastruktur der Hisbollah zu zerstören, die seit 2000 900 Israelis im Norden des Landes auf dem Gewissen hat. jj

Vom Staat getragene Klasse

siehe: → **staatstragende Klasse.** jj

Vormachtstellung

Ergebnis erfolgreicher Politik, Strategie oder Unternehmensführung. Feindbild jener, die vielerorts selber eine Vormachtstellung erobert haben oder zu erobern gedenken. max

Vorsorgeprinzip

Darling aller Fortschrittsfeinde, das praktisch jede technische Innovation killen kann. Der vernünftige und banale Gedanke, Vorsorge für die Zukunft zu treffen und allzu großen Gefahren aus dem Weg zu gehen, hat eine bemerkenswerte Karriere hinter sich. Einerseits wurde er zum gesetzlich sanktionierten Prinzip erhoben und andererseits wurde die Gefahrenschwelle ständig abgesenkt. Nebenbei wurde auch noch der rechtsstaatliche Grundsatz »im Zweifel für den Angeklagten« ausgehebelt. Gegner eines Verfahrens oder Produkts müssen nicht beweisen, wie gefährlich es ist. Der Hersteller oder Anwender soll die zweifelsfreie Unschädlichkeit beweisen, was faktisch unmöglich ist. Dieser Nachweis kann

nicht einmal für ein Fahrrad oder ein Küchenmesser geführt werden.
Da die durchgehende Durchsetzung dieses Vorsorgeprinzips das Leben sofort zum Stillstand bringen würde, wird es hauptsächlich gegen Chemikalien oder Gentechnik ins Feld geführt. So wurde in der EU Babyspielzeug aus PVC verboten, weil nicht mit letzter Sicherheit ausgeschlossen werden kann, dass dabei winzige Spuren von Chemikalien in den kindlichen Organismus gelangen könnten. Gleiches gilt natürlich auch für Spielzeug aus Naturkautschuk oder Holz, das aber unbehelligt bleibt. Es wägt auch niemand die Gefahren, die durch den Gebrauch von PVC-Artikeln entstehen, gegen jene ab, die durch den Nichtgebrauch auftreten. Welche Gefahr ist größer: Dass ein Kind durch wochenlanges und ununterbrochenes Herumkauen auf einem Schwimmflügel die Spur eines Weichmachers herauslösen könnte? Oder dass ein Kind durch den ➔ **Verzicht** auf PVC-Schwimmflügel ertrinkt?
Nie ins Visier geraten die Risiken, die durch die Anwendung eines neuen Verfahrens künftig ausgeschlossen werden. Beispiel Handy: Dessen Verbreitung hat vielen Bergsteigern in Not das Leben gerettet. Doch erstaunlicherweise gibt es keine verlässlichen Zahlen darüber, wie viele tausend Menschen Jahr für Jahr durch das Mobiltelefon gerettet werden. Bis heute wurden aber über 20 000 Studien und Fachartikel zu der Frage veröffentlicht, ob die von Mobiltelefonen oder Sendemasten ausgehende elektromagnetische Strahlung gesundheitsschädigend sei. Laut der Weltgesundheitsorganisation (WHO) gibt es derzeit keine wissenschaftlich begründeten und reproduzierbaren Beweise dafür. Trotzdem kämpfen

bundesweit Hunderte Bürgerinitiativen gegen neue Mobilfunkantennen.

Eigentlich wäre eine rationale Abwägung der Auswirkungen des Mobilfunks auf die Volksgesundheit nicht allzu schwer. Auf der einen Seite stehen seine nachweisbaren und tausendfach lebensrettenden Verdienste. Auf der anderen Seite stehen lediglich nicht nachweisbare und nur vermutete Nebenwirkungen, konkret aber ein eklatantes Ausbleiben wirklicher Schäden an Menschen. Ein Grundprinzip des demokratischen Rechtsstaats lautet: *in dubio pro reo*. Das Vorsorgeprinzip aber besagt: Im Zweifel gegen das Neue, das seine Unschuld erst beweisen muss. max

W

Waffen, menschenverachtende

Richten sich gegen Menschen und lassen Sachwerte unbeschädigt, wie zum Beispiel die Neutronenbombe. Wie bei den schuldigen und → **unschuldigen Opfern** impliziert der Begriff »menschenverachtende Waffen«, dass es auch »menschenfreundliche Waffen« geben kann. Dazu zählen der klassische Vorderlader, das Bajonett und die Kalaschnikow. Im weiteren Sinne auch die Teflonpfanne, die Telefonschnur und der Baseballschläger, der gerne von Angehörigen der bildungsfernen Schichten im Kampf gegen die Überfremdung der Sächsischen Schweiz eingesetzt wird. Entscheidend ist, dass die Betroffenen wissen, von wem sie angegriffen werden. Das stellt eine persönliche Beziehung zwischen Täter und Opfer her, während menschenverachtende Waffen den Vorgang anonymisieren.

Vor die Wahl gestellt, von einer Neutronenbombe pulverisiert oder von einer ostdeutschen Glatze in Handarbeit erschlagen zu werden, würde sich jeder Gegner der menschenverachtenden Waffen für die zweite Option entscheiden. hb

Wald

Heimat der deutschen Seele. »Alles Deutsche wächst aus dem Wald«, schrieb der christliche Schriftsteller Otto Brües. Besonders die Holzwege, möchte man hinzufügen. Obwohl der deutsche Wald selten in so schlechter ökologischer Verfassung war wie im 19. Jahrhundert, sangen und dichteten die Romantiker ihn urtümlich und zauberhaft schön. Die Gebrüder Grimm siedelten die Belegschaft ihrer Märchen größtenteils im dunklen Tann an. Bis etwa 1960 wollten drei Viertel der weiblichen Bevölkerung unbedingt einen Förster heiraten. »Die Waldgesinnung«, schrieb der Forstwissenschaftler Hannes Mayer, »ist im Grunde nichts rein Forstliches, sondern vielmehr der Ausdruck des Denkens und Fühlens breiter Bevölkerungsschichten gegenüber dem Wald.« So wird die Weltanschauung zur Waldanschauung. Beide funktionieren am besten und halten am längsten, wenn man die Welt beziehungsweise den Wald nicht genauer anschaut. mm

Waldsterben

Botanisches Phänomen, das seit den Achtzigerjahren zyklisch im deutschen Blätterwald auftritt. Zwischen 1980 und 1995 war nahezu die gesamte Bevölkerung davon überzeugt, in Deutschland stürben flächendeckend die Wälder. Diese Überzeugung war nicht zu erschüttern. Auch nicht durch das Faktum, dass im selben Zeitraum die Forststatistik sowohl für die Flächenausdehnung der Wälder als auch die Holzmenge pro Hektar ein stattliches Wachstum auswiesen. Das Waldsterben geht seitdem einher mit dem so genannten Waldzustandsbericht, der seit zwei Jahrzehnten das nahe Ende des deutschen Forstes verkündet. Tatsächlich wächst der → **Wald** jedes Jahr munter weiter. Und so wird der stetige Nachwuchs dem Waldsterben ein ewiges Leben bescheren. max

Weißer Mann

Generelles Täterprofil. Vollständig lautet es: weiß, männlich und heterosexuell. Neben dem **W. M.** strahlen all die benachteiligten und somit unberührbaren → **Minderheiten**, die grundsätzlich für nichts zur Verantwortung gezogen werden können. Und der weibliche Teil der Menschheit, der es irgendwie geschafft hat, als Minderheit zu gelten.

Die Hautfarbe Weiß signalisiert Ignoranz gegenüber fremden Kulturen, welche die Ausbeutung der → **Dritten Welt** mit einschließt. Wir sind daher dazu übergegangen, bei der morgendlichen Rasur selbstkritisch in den Spiegel zu blicken und uns erst einmal für die Niederschlagung des Herero-Aufstands vor 100 Jahren zu entschuldigen. Das Merkmal »männlich« wirkt weiter strafverschärfend, da ihm aggressives Machogehabe innewohnt. Bei Männern anderer Hautfarbe ist Machismo Teil ihrer kulturellen Identität.

Heterosexualität ist prinzipiell erlaubt, obwohl man mit Schwulen viel besser Shoppen gehen kann. Anrüchig wird die heterosexuelle Veranlagung allerdings in Verbindung mit Fortpflanzung – wie in → **Väter sind Täter**. Wer diesem Diktum als berufstätiger, Steuern zahlender, verheirateter Familienvater entgeht, darf gleichwohl nicht auf gehobenes Sozialprestige hoffen. Denn diese Spezies gilt als debiles Auslaufmodell christlicher Familienpolitik, so verklemmt wie die

Heckklappe des familiengerechten Opel Zafira nach einem Auffahrunfall. max

Wellness

Wenn die Sauna zum Ashram wird. Oma suchte Entspannung bei der Badekur. Die Enkel machen das Gleiche und nennen es Wellness. Nur dass Oma die Sauna, Massage und Moorpackungen einfach genießen durfte, ohne vorher ein esoterisches Glaubensbekenntnis abzulegen. mm

Werte

Joker für politische Reden und Talkrunden. Um was immer es geht, für »Besinnung auf Werte« kassiert man eine Runde Kopfnicken. mm

Wettlauf nach unten

Wenn Unternehmen Löhne senken oder die Arbeitszeit erhöhen, um zur Erhaltung von Arbeitsplätzen wettbewerbsfähig gegenüber billigeren Produzenten in Polen oder China zu bleiben. jj

Widerstand

Häufig unverdienter Ehrentitel. Das Wort »Widerstand« klingt nach Sophie Scholl und Marek Edelman, nach Sacharow und Gandhi. Deswegen benutzt es jeder gern, um sich damit zu schmücken. Wenn Bauern, Beamte oder Studenten für ihre Interessen auf die Straße gehen, wird die Vokabel »Widerstand« auf Transparente gepinselt, in Sprechchöre und Reden gestreut. Manchmal ist es nervig, manchmal komisch, aber meistens harmlos. Unappetitlich wird der semantische Missbrauch, wenn Medienschaffende Killern und Terroristen den Ehrentitel »Widerstandskämpfer« verleihen. mm

Wir müssen die Ursachen des Terrors bekämpfen

Satzbaustein für das erfolgreiche Bestehen einer Talkrunde nach dem jeweils jüngsten Anschlag. Folgende Variationen des Themas empfehlen sich: »Man muss dem Terrorismus den Boden entziehen, und der ist die ➔ **Armut** der Menschen in der ➔ **Dritten Welt.**« »Den Teufel in Gestalt des ➔ **Islam** an die Wand zu malen wäre eine falsche Reaktion.« »Ist es vielleicht so, dass der Westen einem ungeheuren Maß an Selbstüberschätzung zum Opfer gefallen ist?« »Demokratische Politik darf ➔ **Krieg** nicht mit Krieg, sondern muss ihn mit der Suche nach ➔ **Frieden** beantworten.« »Die Fackel, die immer wieder das Feuer des Terrorismus entfacht, liegt zweifelsohne im israelisch-palästinensischen Konflikt.« »Das militärische Eingreifen in Afghanistan und im Irak haben den Terror erst groß gemacht.«
Das emphatische Hervorbringen solcher Sätze wird maßgeblich erleichtert, wenn man den Kontakt zu folgenden Fakten meidet: Es gibt deutlich ärmere Länder als Saudi-Arabien, ohne dass dort Terroristen in Serie gezüchtet werden. Bin Laden wuchs in saudischen Millionärskreisen auf, nicht in afghanischen Flüchtlingslagern. Korrupte Regime, leichte Öldollar, Kleptokratie und eine frauenfeindliche

Männerkultur haben einen massiven Anteil an der ➔ **Armut** vieler arabischer Länder. Soziale oder ökonomische Motive aber spielen in der Propaganda islamischer Fundamentalisten kaum eine Rolle. Gottlosigkeit und Sittenlosigkeit sind ihre Anklagepunkte gegen den Westen. Die Terroristen betrachten sich nicht als noble Robin Hoods, sondern als Kreuzzügler (diesmal in umgekehrter Richtung). Die Fanatiker ersehnen geradezu eine Existenz in freudloser Armut. Die Taliban haben während ihrer Herrschaft in Afghanistan keine einzige Schule und kein einziges Krankenhaus gebaut. Die Texte der Anführer, Prediger und Theoretiker des Terrors sind frei erhältlich. Islamischer Totalitarismus verbirgt sich nicht hinter humanen Idealen und mitfühlender Prosa, wie es die Kommunisten taten. Seine Anhänger reden Klartext wie die Nazis. Es möchten nur viele nicht hinhören. Der Nationalsozialismus machte nie einen Hehl aus seinen unmenschlichen Zielen und brutalen Methoden. Dennoch wurde *Mein Kampf* von vielen Zeitgenossen eher metaphorisch interpretiert.

Die Islamisten verachten die Terrorversteher Europas noch mehr als ➔ **George W. Bush** und Tony Blair. Mit der Sorry-Gesellschaft können sie schon deshalb nichts anfangen, weil es die Kategorie Pardon in ihrem Weltbild nicht gibt. Sie stehen dazu, dass es gottgefällig ist, Ungläubige zu töten, zu quälen oder zu vertreiben. Dass ein Teil der Ungläubigen Gegengewalt ablehnt und auf ein friedliches Nebeneinander mit ihnen hofft, hat in der Weltanschauung der Islamisten keinerlei Relevanz. In der U-Bahn sind alle gleich. max

Z

Zionismus

Einst: nationale Befreiungsbewegung des jüdischen Volkes, die aus dem europäischen Risorgimento und damit einer Doktrin hervorging, die jeder Ethnie, also auch Luxemburgern (440 000) und Vanuatuern (180 000), das natürliche Recht auf einen eigenen ➔ **Staat** zubilligte. Heute: imperialistische Unterdrückungspolitik, mit der fünf Millionen Hebräer unter dem blauen Davidstern 1,2 Milliarden Muslimen ihre Würde rauben. jj

Zivilgesellschaft

In westlichen Demokratien Tummelplatz von gut organisierten ➔ **Minderheiten**. In der Zivil- oder Bürgergesellschaft engagieren sich der gängigen Auffassung nach Menschen mit »➔ **Mut** zu Partizipation«. Vielen der Verbraucher- und Umweltschützer, Globalisierungsgegner und sonstigen Freunden der Armen und Entrechteten ist gemeinsam, dass sie sich selber zu Garanten des Guten ernannt haben. Weltweit agie-

ren 35 000 → **Nichtregierungsorganisationen**, die mittlerweile global den achtgrößten Wirtschaftsfaktor darstellen.
max

Zukunftsfähig
Vorstellung der Zukunft als Energiesparvariante der Gegenwart. Das Wort sollte in keiner politischen Standortbestimmung, Unternehmensdarstellung und weltlichen oder kirchlichen Predigt fehlen. Populär gemacht wurde der Begriff Mitte der Neunzigerjahre des vorigen Jahrhunderts durch die Studie »Zukunftsfähiges Deutschland« des Wuppertal-Instituts. Erst wollte man das Werk »Nachhaltiges Deutschland« nennen, was aber Assoziationen mit 1000-jährigem Deutschland hervorrief.
Inzwischen gibt es sogar eine Internetseite »zukunftsfähig.de«. Darin findet sich folgende Begriffsbestimmung: »Unter dem Wort ›Zukunftsfähigkeit‹ wird in dieser Arbeit der Zustand verstanden, in dem eine Gesellschaft lebt, ohne durch ihr Leben das anderer Zeitgenossen oder späterer Generationen einzuschränken. Zukunftsfähigkeit ist also ein qualitativer Begriff, der eine hohe Lebensqualität nicht ausschließt, wobei der Mensch darauf bedacht ist, sich nicht über andere Menschen zu stellen und ihnen die Lebensgrundlage zu entreißen oder deren Lebensqualität zu mindern. Ein zukunftsfähiges Leben muss also notgedrungen nachhaltig sein.«
Wie man sich das in der Praxis vorzustellen hat, wird ebenfalls in der erwähnten Wuppertal-Studie geschildert. »Wohlstand light« lautet die Devise, beispielsweise indem man

endlich »das Recht der Bürger ernst nimmt, auch ohne Auto angenehm zu leben«. Ferner geht man davon aus, dass die neuen Menschen alsbald »das Vergnügen entdecken, Kaufoptionen systematisch nicht wahrzunehmen«. Solches markiert den in der Studie 450 Seiten langen Weg zum »historischen Übergang« und zur »Eleganz der Einfachheit«. Letztere orientiert sich an edlen Wilden wie den Navajos, bei denen nur »236 Gegenstände« bekannt gewesen seien, während der entartete deutsche Durchschnittshaushalt »10 000 Dinge zur Verfügung hat«. Also weg mit all dem überflüssigen Tand, die vielen Glitzerdinge in ➔ **IKEA**-Küche und Seegmüller-Schrankwand stehlen uns ohnehin wertvolle Sekunden: »Da muss ja Zeitknappheit herrschen.« Nicht erwähnt wird, dass gerade die Navajos unter Zeitdruck standen. Sie wurden nämlich nur halb so alt wie wir. max

Zurücklassen

Die Einstellung von sozialpädagogischen Bemühungen aufgrund nachgewiesener Erfolglosigkeit. Gutmeinende wollen die Betroffenen dennoch »mitnehmen« – wenn auch nicht im eigenen Auto. max

Zynisch

Bezeichnung von Aussagen, die den nahen Weltuntergang in Zweifel ziehen, besonders beliebt in der Kombipackung »zynisch und menschenverachtend«. »Z und m« ist jedes Argument, das die Harmonie von Kirchentagen trüben könnte, als da wären:

- Kritik an der Effizienz von Sozialprogrammen
- Zweifel am ➔ **Pazifismus** als bester Weg zum ➔ **Frieden**
- Mangelndes Mitleid mit gefangenen Terroristen
- Befürwortung von Studiengebühren
- Zweifel am Erfolg von ➔ **Entwicklungshilfe**
- Freude über das Ableben von Diktatoren

Einen Fauxpas begeht, wer erwähnt, dass auf der Welt sich etwas verbessert habe, zum Beispiel höhere Lebenserwartung, weniger Hunger. Einst wurde der Überbringer schlechter Nachrichten geköpft. Mittlerweile ist es umgekehrt. Schlechte Neuigkeiten sind willkommen, gute Botschaften lösen Verdacht aus. Die Nachricht »Der Rhein ist vergiftet« wird mit Genugtuung aufgenommen, die Nachricht »Der Rhein wird sauberer« dagegen mit Skepsis. Das Faktum »Der ➔ **Wald** wächst und gedeiht« führt gar zu heftiger Verärgerung. Das sei »z und m«.
Im Jahr 2004 veröffentlichte *Die Welt* einen größeren Artikel, der die Entwicklung der globalen Herausforderungen anhand der Statistiken von WHO, FAO, UNDP und anderen UN-Organisationen dokumentierte. Tenor: Trotz der gewaltigen Probleme gehe es immer mehr Menschen gesundheitlich und materiell besser. Diese vielfältig belegbare Tatsache löste einen Sturm des Entsetzens in den Leserbriefspalten aus. Das einhellige Urteil lautete: Zynisch! »Es ist unverantwortlich zu schreiben, der Welt gehe es immer besser«, schrieb ein Leser. »Der Artikel erinnert mich«, meinte ein anderer, »an die Nazipropaganda, als der Krieg schon längst verloren war.« mm

Z-z-z-z
Sprechblase in Comics, die Tiefschlaf signalisiert. jj

Stichwörterverzeichnis

Stichwörter C – G

Stichwörter M – S

Günther Lachmann

Tödliche Toleranz

Die Muslime und unsere offene Gesellschaft. Mit dem Text »Muslimische Frauen, fordert eure Rechte ein!« von Ayaan Hirsi Ali. 304 Seiten. Piper Taschenbuch

Seit vierzig Jahren leben Muslime in Deutschland – warum wird die Kluft zwischen ihnen und den Deutschen immer größer? Warum führen so viele Spuren der islamistischen Terroristen ausgerechnet nach Deutschland? Und wie kommt es, dass muslimische Frauen hier im liberalen Westen immer noch unterdrückt werden? Lange Zeit wollte es niemand wahrhaben: Die Integration der Muslime in die westliche Welt ist gescheitert. Verantwortlich dafür sind sowohl die westliche Mehrheitsgesellschaft als auch die muslimische Minderheit. Günther Lachmann analysiert nicht nur, sondern zeigt auch Wege auf, wie statt Gleichgültigkeit und falsch verstandener Toleranz eine echte Integration und ein friedliches Miteinander entstehen können.

05/2047/02/L

Ulrich Wickert

Die Zeichen unserer Zeit

Was ist aus Freiheit, Gleichheit, Brüderlichkeit geworden? Mit einem Portrait von Heribert Klein und Ulrich Wickert. Anworten im Fragebogen des F.A.Z.-Magazins. 160 Seiten. Piper Taschenbuch

Die moderne Gesellschaft beginnt mit der Französischen Revolution. Die damals aufgestellte Forderung nach Freiheit, Gleichheit und Brüderlichkeit hat seitdem den Kampf um die demokratische Ordnung tief geprägt – nicht nur in Deutschland und bei seinen Nachbarn im Süden, Westen und Norden, sondern auch in den Ländern des ehemaligen Ostblocks, die seit 2004 zur Europäischen Union gehören. Wie steht es bei uns um die Verwirklichung dieser Forderung? Warum fällt es so schwer, ihr im Alltag immer gerecht zu werden? Ulrich Wickert schildert in diesem Buch anhand vieler Beispiele Licht und Schatten von Freiheit, Gleichheit und Brüderlichkeit und erkennt darin »die Zeichen unserer Zeit«.

05/1867/02/R

Michael Moore

Querschüsse

»Downsize This!« Aus dem Amerikanischen von Heike Schlatterer und Helmut Dierlamm. 314 Seiten. Piper Taschenbuch

Der Spiegel nannte ihn »Amerikas letzten Rebellen«: Michael Moore schießt quer und nimmt alles aufs Korn, was den »Stupid White Men« heilig ist: den »American way of life«, den Kongreß genauso wie das Amt des Präsidenten der USA – und vor allem die mächtigen internationalen Konzerne. Der geniale Vorläufer zu »Stupid White Men«!

»Moore ist ein Meister der Eulenspiegelschen Satiretechnik, die Mächtigen dadurch bloßzustellen, daß man sie beim Wort nimmt.«

Berliner Zeitung

Ryszard Kapuściński

Die Erde ist ein gewalttätiges Paradies

Reportagen, Essays, Interviews aus vierzig Jahren. Herausgegeben von Wolfgang Hörner. Aus dem Polnischen von Martin Pollack, Renate Schmidgall und Edith Heller. 320 Seiten. Piper Taschenbuch

Ryszard Kapuściński ist berühmt für seine großen Reportagen aus Afrika, Asien, Lateinamerika und Europa. Diese Sammlung erschließt den literarischen Kosmos dieses großen polnischen Reiseschriftstellers in seiner ganzen Dimension. Neben den bekanntesten Reportagen bietet sie eine Reihe brillanter Essays und Interviews. Seine Reiseberichte sind literarische Meisterwerke, die atmosphärisch dicht die besondere Kultur und Lebensweise eines Landes und ihrer Bewohner einzufangen vermögen.

»Manchmal, in seinen besten Momenten, ist Ryszard Kapuściński mehr als ein Reporter, sicher kein Soziologe, aber ein erzählender, reisender, phantasierender Geschichtsdenker.«

Frankfurter Allgemeine Zeitung

Inci Y.

Erstickt an euren Lügen

Eine Türkin in Deutschland erzählt. 304 Seiten. Piper Taschenbuch

Unter dem Pseudonym Inci Y. bricht eine Türkin das Schweigen der Frauen und erzählt stellvertretend für Hunderttausende ihr Leben: als Mädchen eingesperrt, als Frau gedemütigt, geprügelt, vergewaltigt. Von Liebe spricht keiner. Die einen hintergehen ihre Männer, die anderen sind stumme Dulderinnen. In Anatolien genauso wie im Land der Verheißung, in Deutschland.

»Inci Y. schildert ihre persönliche Geschichte so ergreifend und erschütternd ehrlich, daß der Leser einen intensiven Einblick in die Gesellschaft bekommt, in der die Autorin lebt.«
Nürnberger Zeitung

05/2045/02/L

Ayaan Hirsi Ali

Ich klage an

Plädoyer für die Befreiung der muslimischen Frauen. Aus dem Niederländischen von Anna Berger und Jonathan Krämer. 224 Seiten. Piper Taschenbuch

Das Bild schockierte die Welt: Dem toten Filmregisseur Theo van Gogh hatte sein Mörder einen Drohbrief an die Brust geheftet, adressiert an Ayaan Hirsi Ali – eigentlich hätte sie sterben sollen. Ihr lebensgefährlicher Kampf gilt dem Schicksal der muslimischen Frauen, und sie ruft diese dazu auf, die Fesseln der unterdrükkerischen Tradition abzustreifen, damit endlich sie selbst bestimmen können, wie sie leben wollen.

»Hirsi Alis Anklageschrift kann gar nicht hoch genug geschätzt werden. Denn sie kennt den Islam von innen, und sie nutzt die Meinungsfreiheit im Westen, der islamischen Kultur einen Spiegel vorzuhalten.«
Berner Zeitung

05/2046/02/R

Ryszard Kapuściński

Die Welt im Notizbuch

Aus dem Polnischen von Martin Pollack. 336 Seiten. Piper Taschenbuch

Kaum ein Mensch hat so viel von der Welt gesehen wie Ryszard Kapuściński. Er war einer der bedeutendsten Journalisten der Gegenwart. In »Die Welt im Notizbuch« beobachtet er globale Entwicklungen wie mikroskopische Details, stellt sie nebeneinander, verbindet oder reflektiert sie, bezieht sie in verblüffender Weise aufeinander. Aus Gedankensplittern, Reportagen, Fragmenten und Essays vieler Jahre formt sich eine Welt, die wir zu kennen meinten, die wir so aber noch nie gesehen haben.

»Manchmal ist Ryszard Kapuściński mehr als ein Reporter, sicher kein Soziologe, aber ein erzählender, reisender, phantasierender Geschichtsdenker.«

Frankfurter Allgemeine Zeitung

05/1420/03/L

Ryszard Kapuściński

Afrikanisches Fieber

Erfahrungen aus vierzig Jahren. Aus dem Polnischen von Martin Pollack. 336 Seiten. Piper Taschenbuch

Im Innersten, so sagte Ryszard Kapuściński, fühlt er sich als »Afrikaner«. Als er 1957 zum ersten Mal nach Afrika fuhr, konnte er nicht ahnen, daß diese Reise der Beginn einer Passion sein würde, die ihn bis zu seinem Tod nicht losgelassen hat. Als Korrespondent der polnischen Nachrichtenagentur PAP bereiste er Ghana, Uganda, Ruanda, Äthiopien, Eritrea, Somalia, Kenia und den Sudan. Er hat Staatsgründungen, Staatsstreiche und Militärputsche miterlebt, Machthaber wie Idi Amin, Haile Selassie, Kenyatta und Nkrumah beobachtet. In seiner faszinierenden Schilderung der großen Politik und des Lebens der Menschen in Afrika gibt sich Ryszard Kapuściński nicht mit oberflächlichen Beschreibungen und Fakten zufrieden. Sein Blick dringt bis zu den Tiefen und Ursprüngen anderer Welten und Kulturen vor und läßt ein unglaublich buntes und vielfältiges Bild von Afrika entstehen – geprägt von großer persönlicher Anteilnahme.

05/2151/02/R

Noam Chomsky

Profit Over People · War Against People

Neoliberalismus und globale Weltordnung, Menschenrechte und Schurkenstaaten. Aus dem Amerikanischen von Michael Haupt. 320 Seiten. Piper Taschenbuch

»Profit Over People« – so bezeichnet Noam Chomsky den Neoliberalismus, der den Profit über alles Menschliche stellt. Scharfsichtig kritisiert er die Logik des freien Marktes und plädiert für demokratischere Alternativen. »War Against People« ist eine Abrechnung mit den westlichen Staaten – denn sie sind die wahren Schurkenstaaten und nicht die Diktaturen der sogenannten Entwicklungsländer. Die Machtpolitik der USA mißbraucht die Menschenrechte zur Legitimation ihrer Gewaltanwendung.

»Chomskys Buch bildet das dringend notwendige Korrektiv zu einem propagandistischen Bild der USA, das uns die westliche Führungsmacht im wesentlichen als eine heile und gerechte Welt vorspiegelt.«
Deutschlandfunk

05/2007/02/L

Noam Chomsky

Media Control

Wie die Medien uns manipulieren. Aus dem Amerikanischen von Michael Haupt. 256 Seiten. Piper Taschenbuch

Nicht erst im Irakkrieg spielten die US-Massenmedien eine fatale Rolle. Noam Chomsky, einer der wichtigsten Querdenker der USA, wirft ihnen vor, unbequeme Tatsachen bereitwillig zu verschleiern und die Verbrechen des »Feindes« wie mit der Lupe zu betrachten. Obwohl sie keiner direkten staatlichen Kontrolle unterliegen, verstehen sich die Massenmedien in den USA nicht als kritische Gegner, sondern als Partner der Regierung und ihrer hegemonialen Ziele.

»Fern von jeder abgehobenen Medienphilosophie begibt sich Noam Chomsky auch in die Untiefen der Auseinandersetzung mit den konkreten Inhalten von politischem Journalismus.«
Frankfurter Rundschau

05/2008/02/R

Noam Chomsky

Hybris

Die endgültige Sicherung der globalen Vormachtstellung der USA. Aus dem Amerikanischen von Michael Haupt. 320 Seiten. Piper Taschenbuch

Die Aufrüstung der USA wird intensiver betrieben als je zuvor – mit gigantischen Kosten. Eine fragwürdige Strategie in Zeiten, in denen islamistische Terroristen demonstrieren, wie sie mit anderen Mitteln verheerende Zerstörungen anrichten können. In seinem provozierenden Buch zeigt Noam Chomsky, daß es den USA nicht um eine Sicherung des nationalen Überlebens geht, sondern einzig und allein um die Ausweitung ihrer weltweiten militärischen und wirtschaftlichen Vormachtstellung.

»Chomsky ist ohne Zweifel einer der produktivsten und gleichzeitig härtesten Kritiker der US-Außenpolitik. Anregend, provokativ und gut geschrieben.«
Zeitschrift für Politikwissenschaft

05/2009/02/L

Andreas von Bülow

Die CIA und der 11. September

Internationaler Terror und die Rolle der Geheimdienste. 272 Seiten mit 15 Abbildungen. Piper Taschenbuch

Der Geheimdienstexperte und frühere Bundesminister Andreas von Bülow bezweifelt die offizielle Version zum Ablauf der Anschläge des 11. September 2001 vehement. Die Regierung Bush wußte nichts von der Terrorgefahr, konnte jedoch sofort die neunzehn Täter und mit Osama bin Laden und Saddam Hussein auch deren Hintermänner benennen. So viele Ungereimtheiten, ebenso viele Fragen, vor allem: Kann es sein, daß die Anschläge der Regierung gelegen kamen? Viele Spuren führen ins Netzwerk der Geheimdienste und vor allem zur CIA.

»Andreas von Bülow hat mit großem Detailwissen sämtliche Ungereimtheiten um den 11. September zusammengetragen. Ein intensiv recherchiertes Buch, das jede Menge Fragen offenläßt.«
Norddeutscher Rundfunk

05/1718/02/R

François Lelord / Christophe André

Die Macht der Emotionen

und wie sie unseren Alltag bestimmen. Aus dem Französischen von Ralf Pannowitsch. 400 Seiten. Piper Taschenbuch

Sind Sie eifersüchtiger, als Ihnen lieb ist? Schämen Sie sich für Ihre Wutausbrüche? Oder wären Sie Ihrem Chef gegenüber manchmal gern etwas mutiger? Das erfahrene, seit Jahren erfolgreich praktizierende Psychologenduo Lelord und André erklärt die biologischen und sozialen Wurzeln unserer Emotionen, untersucht Konflikte bei einem Zuviel oder Zuwenig an Gefühlen und gibt dem Leser grundlegende Ratschläge zum Umgang mit Zorn, Neid, Glück, Traurigkeit, Scham, Eifersucht, Angst und Liebe.

Vom Autor der Bestseller »Hectors Reise oder die Suche nach dem Glück«, »Hector und die Geheimnisse der Liebe« und »Hector und die Entdeckung der Zeit«.

Robert Levine

Die große Verführung

Psychologie der Manipulation. Aus dem Amerikanischen von Christa Broermann. 384 Seiten. Piper Taschenbuch

Tagtäglich werden wir Opfer von Manipulationen, unermüdlich versucht irgend jemand, uns zu etwas zu veranlassen, was wir eigentlich gar nicht wollen. Und: je überlegener Sie sich fühlen, desto öfter werden Sie übervorteilt! Robert Levine erklärt ebenso amüsant wie fundiert, wie »die große Verführung« funktioniert, und er zeigt, wie Sie sich gegen ungewollte Beeinflussung verteidigen können.

»Wenn der Profi-Autoverkäufer mit dem Ruf, einem Eskimo einen Kühlschrank verkaufen zu können, seine Tricks offenlegt, ist dies spannend wie ein Krimi.«

Frankfurter Allgemeine Zeitung

Jörn Morisse, Rasmus Engler

Wovon lebst du eigentlich?

Vom Überleben in prekären Zeiten. 256 Seiten. Piper Taschenbuch

Job, Geld, Leben – nichts ist mehr sicher. Auch für Kulturschaffende haben sich in den letzten Jahren die Lebens- und Arbeitsbedingungen verschärft. Welche Kompromisse müssen und wollen bildende Künstler, Musiker, Autoren, Designer und Modemacher eingehen, damit für Miete, Krankenkasse, Altersvorsorge oder schlicht für die alltäglichen Ausgaben gesorgt ist? Welche Nebenökonomie ermöglicht dem Kulturarbeiter seine künstlerische Freiheit? Jörn Morisse, Mitbegründer des virtuellen Netzwerkes Zentrale Intelligenz Agentur und Rasmus Engler, stets unter dem Existenzminimum lebender Musiker und Autor, sprachen mit 20 kreativ Tätigen über Strategien und Möglichkeiten jenseits von Festanstellung und Hartz IV sich mit wenig Geld über Wasser zu halten. Unverblümte Fragen, klare Antworten.

05/2244/02/L

Thomas Baumann

Die spinnen, die Deutschen

Expeditionen durch den ganz normalen Wahnsinn. 256 Seiten. Piper Taschenbuch

Thomas Baumann ist durch die Republik gereist, um vor Ort zu erfahren, ob wir nicht doch etwas neben der Spur laufen. Neugierig-kritisch betrachtet er die Deutschen und ihr Selbstverständnis, denn die Welt vermutet seit Jahrhunderten zu recht: Die spinnen, die Deutschen. Eine vergnügliche, schräge Wundertüte mit rund fünfzig entwaffnenden Expeditionen zu deutschen Tugenden – von »Wetten, dass« bis Poetry Slam, von Aldi bis Liz Mohn, von neuer deutscher Rechtschreibung bis Stiftung Warentest. Selbstironisch blicken wir mit ihm in den Spiegel und verfolgen amüsiert sein gekonntes Spiel mit den Vorurteilen, Gemeinplätzen und Schablonen, die sich die Deutschen selbst an den Hals geholt haben.

»Wir haben die grüne Partei erfunden, das Teebeutelproblem und die Mülltrennung zu einem Geschicklichkeitswettbewerb erhoben.«

Thomas Baumann

05/2183/02/R

PIPER

Margret Greiner

Miss, wie buchstabiert man Zukunft?

Als deutsche Lehrerin in Jerusalem. Mit einem Nachwort zur Taschenbuchausgabe. 252 Seiten. Piper Taschenbuch

Eigentlich hat sich Margret Greiner einen lebenslangen Traum erfüllt: Zusammen mit ihrem Mann ist sie nach Israel gezogen. Sie wohnt in einem israelischen Viertel von Jerusalem und unterrichtet an einer palästinensischen Schule in Ostjerusalem. Jeden Tag geht sie von der westlichen in die arabische Welt und wieder zurück. Doch nie hätte sie sich vorgestellt, wie schwer es werden sollte, diese unsichtbare Grenze immer wieder zu überwinden. Margret Greiner ist zerrissen wie die Stadt Jerusalem, deshalb kann sie so eindringlich von den vielen Widersprüchen und der ausweglosen Situation erzählen.

»Eine plastische Darstellung des Nahostkonflikts von unten, mit allen Schwierigkeiten und Hindernissen des täglichen Lebens, mit Freude und Schmerz, viel Leid und dennoch ein bißchen Hoffnung.«

Basler Zeitung

05/1911/02/L

Maria Blumencron

Flucht über den Himalaya

Tibets Kinder auf dem Weg ins Exil. 304 Seiten mit 16 Seiten farbigem Bildteil. Piper Taschenbuch

Rund tausend Kinder aus Tibet fliehen jedes Jahr über die eisigen Pässe des Himalaya. Oft können sie kaum noch weiter und kämpfen gegen Schnee, Hunger und Erschöpfung. Ihr Ziel sind die Schulen des Dalai Lama in Nordindien. Dort, so hoffen ihre Eltern, erwartet sie eine bessere, freie Zukunft. Die engagierte Dokumentarfilmerin Maria Blumencron hat sechs Kinder auf ihrer Flucht begleitet. Mit ihrer einfühlsam erzählten Geschichte macht sie zugleich auf die Mißstände im besetzten Tibet aufmerksam.

»Es gibt Bücher, die zerreißen einem einfach das Herz, und wenn sie dann auch noch wie Maria Blumencrons Buch ein Happy-End haben, ist das so wie Weihnachten und Ostern an einem Tag. Ihr Buch setzt starke Emotionen beim Lesen frei: Lachen, Bangen und Hoffen.«

Brigitte

05/1910/02/R

Paul Watzlawick

Vom Schlechten des Guten

oder Hekates Lösungen.
124 Seiten. Piper Taschenbuch

»Ein sehr unterhaltend geschriebenes Buch, das sich mit Witz und Ironie der drängenden Probleme unserer Gegenwart annimmt und versucht, die Trugschlüsse der populärsten Problemlösungen aufzudecken.«

Österreichischer Rundfunk

»Das sich auf weite Strecken amüsant gebende und im Plauderton geschriebene Buch steckt voll tiefen Ernstes.«

Wiener Zeitung

05/1239/02/L

Paul Watzlawick

Vom Unsinn des Sinns oder vom Sinn des Unsinns

Mit einem Vorwort von
Hubert Christian Ehalt.
84 Seiten. Piper Taschenbuch

»Wenn sich der brillante Philosoph und Psychoanalytiker Paul Watzlawick Gedanken über den Sinn und seine Täuschungen macht, ist Konzentration gefragt. Trotz aller Verwirrung und sprachmächtigen Wortspielereien behandelt er nämlich die zentrale Frage der menschlichen Existenz. Unbedingt ernstzunehmen.«

Forbes

05/1240/03/R